마르크스 씨, ☆경제 좀 아세요?

이완배

지음

북트리거

질문을 하나 던져 봅니다. 경제학은 과연 과학일까요?

제가 대학에서 경제학을 공부할 때, 경제학과는 사회과학대학에 속해 있었습니다. 지금도 적지 않은 대학들이 경제학을 사회과학의 범주에 집어넣습니다. 이 관점에 따르면 경제학은 엄연한 '과학'입니다.

철학은 사람의 주장이 오고 가는 학문이지만, 과학이라면 정해진 답이 있어야 합니다. 만약 경제학이 과학의 범주에 포함된다면 경제학에도 어떤 정답이 있어야 할 것입니다. 하지만 아무리 생각해도 경제학은 과학이 아니라는 생각이 듭니다. 자본주의가 시작된 이래 경제학은 대략 200년이라는 역사를 가졌지만, 어떤 시대에도 딱 부러지는 정답을 제시한 적이 없었습니다. 한때 정답처럼 보였던 해법도

시간이 지나면 반박을 당합니다.

이 책에서 배울 위대한 경제학자 케인스의 지지자와 하이에크의 지지자들은 서로를 거의 원수처럼 대합니다. 케인스의 후예들과 하이에크의 후예들이 같은 비행기에 타면, 서로의 소원이 '비행기가 추락하는 것'이라고 한다는 농담이 있습니다.

얼마나 상대가 미웠으면, '내가 죽는 한이 있어도 저 자식은 꼭 죽어야 해!'라고 생각한다는 이야기입니다. 물론 농담이지만 그만큼 경제학에서 서로 간의 논쟁이 치열했고, 아직까지 하나의 해답을 찾지 못하고 있습니다.

그래서 우리는 경제학을 맹신해서는 안 됩니다. 유명한 경제역사학자인 옥스퍼드대학교의 애브너 오퍼(Avner Offer) 교수는 "노벨 경제학상은 노벨 물리학상보다 노벨 문학상에 훨씬 가깝다"고 단언합니다. 경제학은 정답이 정해진 학문이 아니라, 각자의 이유와 논리에 따라 어떤 주장이든 선택될 수 있는 학문이라는 뜻입니다.

우리는 경제학을 배웁니다. 하지만 그 과정은 '정해진 정답'을 배우는 과정이 아닙니다. 오히려 서로 다른 수많은 위대한 학자들의 의견을 경청하고, 그들의 고민을 함께 느끼는 과정일 것입니다.

이 책에서 우리는 모두 18명의 위대한 경제학자들을 만나 보려 합니다. 이들의 주장은 때로 상충되기도 하고, 때로 격렬한 논쟁을 불러일으키기도 했습니다. "그래서 누구 주장이 정답인가요?"라고 벌써부터 묻는 것은 성급합니다. 우리가 해야 할 일은 일단 그들의 주장에 귀를 기울이는 것입니다.

그리고 우리는 선택을 해야 합니다. 누구의 주장이 내가 꿈꾸는 세상과 가장 닮아 있는지, 어느 학자의 말에 따라 세상을 바꿔야 우리 모두가 행복해질 수 있을지를 각자가 고민해야 한다는 뜻입니다. 이 책이 독자 여러분들의 고민과 선택에 조금이나마 도움이 되기를 간절히 바랍니다.

2018년 8월, 안국동에서

이완배

◇ 차례 ◇

애덤 스미스
인간의 이기심을 찬양하라!　10

토머스 맬서스
가난한 자들은 죽게 내버려 두는 게 옳다고!　24

데이비드 리카도
잘하는 분야에 집중하고, 자유롭게 무역하라!　38

프리드리히 리스트
경제학에 필요한 것은 애국심이다　52

샤를 푸리에
사랑이 넘치는 멋진 신세계는 가능할까?　68

카를 마르크스
노동자를 경제학의 중심에 세우다　82

헨리 조지
땅은 사유재산이 아니다　96

앨프리드 마셜
맛있는 과자도 그만 먹고 싶을 때가 있다고?　110

소스타인 베블런
놀고먹는 자들이 가난한 자들을 지배하는 방법　124

존 메이너드 케인스
바보야, 문제는 정부의 역할이야!　140

윌리엄 베버리지
'요람에서 무덤까지', 복지국가의 틀을 설계하다　154

밀턴 프리드먼
정부의 시장 개입은 한마디로 미친 짓이다　170

조지프 슘페터
세상을 바꾸는 힘, 기업가의 혁신　184

군나르 뮈르달
부(富)뿐만 아니라 빈곤도 확대재생산된다　198

프리드리히 하이에크
사회주의로부터 세상을 구하자!　212

폴 스위지
독점자본은 무슨 일을 벌이고 있나?　228

제임스 뷰캐넌
정치인과 관료도 이기적인 존재일 뿐!　242

아마르디아 센
절망의 시대에 쓰는 인간 중심의 경제학　258

인간의
이기심을
찬양하라!

애덤 스미스
Adam Smith, 1723~1790년

영국의 스코틀랜드에서 태어나 교수 생활을 오래 했어요. 그의 대표적인 저서 『국부론』은 '인류 역사상 경제학을 체계적으로 다룬 최초의 책'이라는 평가를 받지요. 그전까지 경제학에 관한 책은 학자들의 단편적인 생각을 짧게 담은 논문 수준이었는데, 스미스는 이 책을 통해 경제학을 하나의 커다란 사상으로 승화시켰습니다. 이런 공로 덕분에 스미스는 '경제학의 아버지'로 불린답니다. 그는 이 책에서 "각자가 자기 이익을 이기적이고 열정적으로 추구하면 그것이 사회 전체의 이익과 조화를 이룬다"는 주장을 펼쳤어요.

산업혁명의 어두운 그림자

"새벽 5시에 공장에 나가서 밤 9시까지 꼬박 일을 해요. 하루에 밥 먹을 시간 20분만 쉴 수 있습니다. 일을 하다가 졸면 관리자들이 가죽 채찍으로 등을 때려요. 힘들지만 돈을 벌어야 하니 할 수 없어요. 일이 너무 힘들어서 동생이 저를 도와주고 있습니다. 하지만 동생은 사장님이 고용한 것이 아니니 돈을 받지 못해요. 동생은 이제 겨우 일곱 살이랍니다."

로마 시대 노예의 하소연이 아닙니다. 이 이야기는 지금부터 불과 180여 년 전, 신사의 나라라고 엄청나게 폼 잡기

좋아하는 영국의 11세 소년 토마스 클라크의 증언입니다.

180여 년 전인 19세기 초반은 자본주의 시장경제의 씨앗이

된 산업혁명이 활짝 꽃피었던 시기입니다. 숨 쉴 틈 없이 공

장이 들어섰고, 갖가지 진귀하고 새로운 물건이 쏟아져 나

왔지요. 바야흐로 인류의 생산 기반이 농업에서 공업으로

바뀌는 역사적인 순간이었던 것입니다.

　하지만 클라크의 증언처럼 '위대한 산업혁명'의 실제 모

습은 그렇게 아름답지만은 않았습니다. 도시로 내몰린 노동

자들이 하루 16시간씩 꼬박 일하고 받은 일당은 요즘 돈으로 1,000원도 채 되지 않았습니다. 노동자들은 주로 합숙소에서 지냈는데, 자그마한 방에서 남녀 가릴 것 없이 20여 명씩 뒤엉켜 살아야 했죠. 도시의 쓰레기 더미에서 쥐들과 함께 먹을 것을 뒤지는 노동자들이 넘쳐 났습니다. 산업혁명의 중심지였던 영국 런던의 하늘은 공장에서 뿜어 대는 매연으로 시커멓게 변했고, 물은 오염될 대로 오염됐습니다. 콜레라와 장티푸스가 순식간에 퍼져 도시 곳곳에는 사람 시체가 널브러져 있었습니다. '가난한 사람을 도와주고, 함께 행복하게 살아야 한다'는 인류애와 도덕성은 찾아보려야 찾을 수가 없었죠.

인간의 이기심을 찬양했던 경제학의 아버지

오늘 우리가 만날 경제학자는 '경제학의 아버지'로 불리는 애덤 스미스입니다. 모든 경제사책에 가장 먼저 등장할

만큼 중요한 인물이죠.

스미스가 살던 시대는 막 산업혁명이 시작된 때였습니다. 앞에서 살펴봤듯이 인류 역사상 엄청나게 큰 변화가 이뤄진 때였죠. 세상이 너무 갑자기 바뀌다 보니 혼란이 커졌습니다. 이전까지만 해도 세상에서 가장 힘이 셌던 사람은 땅을 많이 가진 귀족이었습니다. 하지만 산업혁명 이후에는 땅이 아니라 공장을 가진 사람의 힘이 세졌습니다. 땅이 많아 봐야 고작 곡식 몇 가마니를 생산할 수 있을 뿐이지만, 공장 하나를 가지면 쉴 새 없이 기계를 돌려 '떼부자' 대열에 오를 수 있었으니까요.

생각해 보세요. 공장을 짓고 사장님이 된 사람들은 어떤 사람들이었을까요? 귀족들이었을까요? 에이, 그럴 리가요. 귀족들이야 원래 책 읽고, 사교 모임 열고, 음악 듣고, 춤추면서 고상하게 살던 분들인데요. 그런 분들이 공장을 지어 시커먼 매연 속에서 돈 벌려고 악을 쓰고 살 리가 없잖아요?

그렇습니다. 새로 등장한 공장 사장님들은 귀족이 아니라 평민들이었습니다. 그중 장삿속에 밝고, 돈 버는 데 재주

가 뛰어난 새로운 지식인들이었죠. 새롭게 돈을 번 이들은 성(城) 밖에서 농사를 짓고 살던 평민들과 달리, 사람들이 많이 모이는 성안으로 들어가 살게 됩니다. 돈을 많이 벌었으니 더 이상 누추한 성 밖에서 살 이유가 없었던 거죠. 그래서 사람들은 이들 평민 사장님들을 '부르주아(bourgeois)'라고 불렀습니다. 부르주아는 프랑스 말로 '성안에 사는 사람들'이라는 뜻입니다.

귀족들은 마음이 영 꼬이기 시작합니다. 몇십 년 전까지만 해도 장사나 해 먹고살던 평민이 돈 좀 벌었다고 사장님 소리 들으며 떵떵거리는 게 몹시 꼴 보기가 싫었던 거죠. 그래서 귀족들은 평민 사장님들, 즉 부르주아들을 싸잡아 비난합니다. "천한 것들이 돈만 알아 가지고 말이야. 돈 벌려고 온갖 나쁜 짓만 하고 다닌다고. 공장에서 노동자들 사는 모습 좀 봐. 얼마나 비인간적이야? 이기적인 놈들!"

귀족들의 비난에 평민 사장님들도 열이 받습니다. 고상하게 집에 처박혀서 일은 안 하고 교양이나 떠는 귀족들이 열심히 사업하는 자기들을 나쁘게 이야기하니까요. 이들의 갈등은 점점 심각해집니다.

바로 이때 등장한 사람이 애덤 스미스입니다. 스미스는 이 갈등에 대한 해결책을 내놓고 싶었어요. 그는 깊이 고민합니다. '귀족과 평민 사장님 중 누구의 편을 드는 것이 사회의 발전을 위해 올바른 일일까?' 고뇌 끝에 스미스는 평민 사장님들의 편에 섭니다. 그리고 이렇게 주장합니다. "이기적으로 살아라. 그것이 바로 인류를 위한 길이다."라고요.

경쟁은 세상을 발전시킨다

중세 시대까지만 해도 유럽은 기독교가 지배하는 세상이었죠. 예수는 이렇게 말했습니다. "부자가 천국에 들어가는 것은 낙타가 바늘구멍을 통과하는 것만큼 어려운 일이다." 라고요.

그래서 그때까지만 해도 부자는 뭔가 이기적이고, 도덕적이지 못한 사람 취급을 받았습니다. 스미스가 등장하기 전까지는요. 하지만 스미스는 이런 선입견을 한방에 날려 버립니다. 그는 말합니다. "이기적인 게 뭐 어때서? 사람은 원래 다 자기를 위해 산다. 그리고 더 잘살기 위해 이기적으로 열심히 일하는 것이 세상을 발전시키는 원동력이 될 것이다!" 즉 농민들은 자기를 위해 더 열심히 농사를 짓고, 사장님들은 돈을 더 벌기 위해 열심히 공장을 운영하고, 노동자들은 월급을 받기 위해 더 열심히 일을 한다는 것입니다.

스미스가 이런 주장을 할 수 있게 된 가장 중요한 배경은 그가 '경쟁'에 대한 확신을 갖고 있었기 때문입니다. 스미스는 경쟁이 활발해질수록 더 좋은 물건이 만들어지고, 더 나은 세상이 올 것이라고 믿었습니다. 그는 "경제가 잘 돌아가게 하기 위해서는 복잡한 원칙이 필요 없다. 지켜야 할 것은 바로 사람들이 이기심을 바탕으로 자유롭게 경쟁할 수 있도록 만들어 주는 것 한 가지뿐"이라고 주장합니다.

그의 주장에 따르면, 이 자유로운 경쟁을 보장하기 위해 정부가 해야 할 일은 아무것도 없습니다. '보이지 않는 손'이라 불리는 가격이라는 녀석이 시장을 통해 모든 것을 알아서 해 줄 테니까요. 반면에 '보이는 손'에 해당하는 정부가 제도를 만들고 규제를 가하면, 사람들이 자유롭게 경쟁하지 못하게 됩니다. 그래서 스미스는 정부를 향해 이렇게 외치죠. "정부 관료들, 제발 아무것도 하지 말고 가만히 있으라고!" 이런 이유로 스미스의 이론은 '자유방임주의(自由放任主義)'라고 불린답니다. 자유방임주의란 각 개인에게 경제활동의 자유를 최대한 보장해 줘야 하며, 이를 위해 국가의 간섭을 최소한으로 제한하자는 사상이지요.

스미스의 주장이 설득력을 얻으면서 돈 버는 데 혈안이

었고 이기적이기 짝이 없었던 평민 사장님들, 즉 부르주아들의 세력이 커집니다. 그들은 더 많은 돈을 벌기 위해 11세 소년 클라크를 하루 1,000원만 주고 18시간 동안 일을 시켰던 사람들입니다. 하지만 스미스는 그들을 이렇게 변호하죠. "그렇게 이기적으로 살아야 공장이 커지고 더 많은 물건을 만들 수 있으며 세상이 발전한다. 그리고 정부는 이것을 막아서는 안 된다. 그게 자유방임주의의 원칙이다."라고요.

스미스의 이론을 토대로 토지와 농업을 기반으로 했던 귀족들의 세력이 약해지고 '사장님들의 시대', 즉 자본주의 시장경제의 시대가 열렸습니다. 바로 지금 우리가 살고 있는 이 시대 말입니다.

☆ 애덤 스미스의 한마디

"우리가 저녁 식사를 할 수 있는 건 푸줏간 주인이나 빵집 주인, 술집 사장님의 자비심 때문이 아니다. 오히려 자기 이익을 챙기려는 그들의 이기심 덕분이다."

이게 무슨 뜻?

그냥 각자 자신의 이익을 최우선시하며 이기적으로만 살란 말이다. 다들 자기를 위해 열심히 살다 보면 세상에는 빵도 생기고, 음료수도 생기고, 고기도 생기는 거다.

가난한 자들은 죽게 내버려 두는 게 옳다고!

토머스 맬서스
Thomas Robert Malthus, 1766~1834년

영국 잉글랜드의 서리주(州)에서 태어난 경제학자입니다. 18세기 산업혁명이 낳은 어두운 현실을 보면서 그는 자신만의 음울한 사상을 구축하지요. 많은 학자들이 "가난한 자들을 어떻게 구할까?"를 고민할 때, 맬서스는 오히려 "가난한 자들이 빨리 죽는 것이야말로 인류가 살길"이라는 독설을 퍼붓습니다. 이런 어두운 사상 탓에 맬서스는 미움도 많이 받았습니다. 그가 죽은 뒤 장례식장에 모인 사람 중 절반은 그의 죽음을 애도하기 위해서가 아니라 진짜로 맬서스가 죽었는지 확인하기 위해 참석했다고 하는군요.

혼식의 추억

"자, 다들 도시락 꺼내 봐!"

선생님의 한마디에 학생들이 부리나케 도시락을 꺼내 뚜껑을 엽니다. 그러면 선생님은 밥을 꼼꼼히 살피죠. 쌀밥만 싸 온 사람은 된통 혼이 납니다.

"혼식(混食) 해 오라는 이야기 못 들었어? 밥 속에 보리, 콩 같은 곡물이 20% 이상 들어 있어야 한단 말이야!"

선생님이 워낙 심하게 야단을 치니 점심시간이 공포의 시간으로 변합니다. 쌀밥만 싸 왔거나, 보리가 좀 덜 섞인 밥을 싸 온 아이들은 죄인 취급을 받습니다. 그래서 이런 아이들은 점심시간 전에 친구한테 부탁합니다.

"야, 너 밥에 보리 많이 들어 있냐? 나 보리 좀 빌려줘."

그리하여 혼식 검사를 통과하기 위해 친구들끼리 서로 보리를 빌려 가는 황당한 일이 벌어지기도 했죠.

이게 무슨 어처구니없는 경우냐고요? 이런 일은 우리 부모님 세대가 학교를 다니던 1970년대, 매일같이 학교에서 벌어진 실제 상황이었습니다. 왜 이런 일이 벌어졌냐고요? 그것은 바로 정부가 학생들에게 혼식을 강요했기 때문입니다.

물론 혼식은 몸에 좋습니다. 쌀밥만 먹는 것보다 보리나 콩, 조 등이 섞인 혼식 밥이 훨씬 건강에 도움이 되죠. 하지만 1970년대 한국 정부가 국민들의 건강을 챙기느라 혼식을 강요한 것은 아닙니다. 혼식을 의무화한 이유는 다름이 아니라, 쌀이 너무나 부족하기 때문이었습니다.

1970년대 한국은 가난했습니다. 인구는 빠른 속도로 늘어나는데 이들을 먹일 쌀이 부족했죠. 너무 굶어서 영양실조로 죽는 사람도 실제로 있었습니다. 인구에 비해 식량이 부족하다 보니 정부는 대놓고 "자식 좀 제발 낳지 말라"고 선전을 합니다. 그래서 "아들 딸 구별 말고 둘만 낳아 잘 기르자."라는 표어가 실제로 있었습니다. 자식을 셋 낳으면 나라가 눈치를 줍니다. "안 그래도 식량이 부족한데 셋씩이나 낳으면 어쩌라는 거야?"라면서 말이지요.

요즘은 인구가 너무 부족해서 정부가 "제발 아이 좀 많이 낳아 주세요."라고 호소를 하지요. 자식을 셋 낳으면 나라에서 "어이쿠, 감사합니다. 국가를 위해 셋씩이나 낳아 주셨으니 각종 할인 혜택도 드리고 세금도 깎아 드릴게요."라며 고

마워하고요. 세상이 이렇게 변했습니다. 불과 40년 만에 말이지요.

맬서스의 음울한 독설, 『인구론』

7,000년에 이르는 인류의 역사를 감히 한마디로 요약하자면 그것은 '먹고사는 문제와의 싸움'이었습니다. 인류는 끊임없이 먹고사는 문제를 해결해야 했죠. 인류 역사 대부분의 시간 동안 농업이 세상의 근간이 된 이유도 여기에 있습니다. 먹을 것, 즉 식량문제를 어떻게 해결하느냐 하는 것은 그야말로 인류의 영원한 과제였으니까요.

때는 18세기 후반, 바야흐로 산업혁명이 막 꽃을 피우던 시기였습니다. 그런데 막상 인류를 행복하게 만들어 줄 것이라 믿었던 '기술의 혁명적 발전'은 엉뚱한 부작용을 낳습니다. 부자들은 엄청나게 돈을 긁어모았지만, 가난한 사람들은 굶어 죽기 직전인 절대 빈곤 상태에까지 몰린 것이지요.

도시 곳곳에 병들고 굶주린 이들이 넘쳐 났습니다.

사람들은 양심의 가책을 느낍니다. '과학기술의 발전을 통해 인류가 꿈꿔 왔던 세상이 과연 이런 모습이었던가?' 하는 반성이 시작되지요. 그리고 오로지 가진 자들만의 세상으로 채워져 가는 산업혁명과 자본주의 세상에 회의를 품는 사람들이 등장합니다.

바로 이때 나타난 사람이 오늘 우리가 배울 맬서스입니다. 맬서스는 산업혁명의 어두운 모습에 몸서리를 치는 사람들에게 이렇게 말합니다. "가난해서 굶어 죽는 애들? 그냥 그렇게 굶어 죽게 내버려 둬라. 그것이 바로 신이 만든 세상의 섭리니까!"

맬서스의 이 같은 주장은 1798년 그의 유명한 저서 『인구론』에 처음 등장합니다. 『인구론』에서 맬서스는 "인구는 기하급수적으로 증가하고 식량은 산술급수적으로 증가한다."라는 유명한 말을 남깁니다.

이게 무슨 뜻일까요? '산술급수적으로 증가'한다는 말은, 쉽게 말하면 '일정한 수만큼 더해져서 증가'하는 것을 뜻합

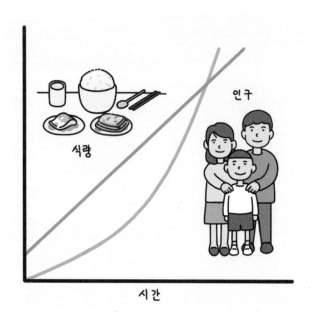

니다. '기하급수적으로 증가'한다는 말은 '일정한 수만큼 곱해져서 증가'하는 것을 뜻하고요. 예를 들어 '2→4→6→8' 이런 식으로 2씩 더해져서 증가하는 것이 산술급수적으로 증가하는 것입니다. 반면에 기하급수적으로 증가하는 것은 '2→4→8→16' 이런 식으로 2씩 곱해져서 늘어나는 것이고요.

자, 『인구론』에 따르면 인구는 기하급수적으로 늘어납니다. 2→4→8→16의 속도로 말이지요. 반면에 그 인구가 먹어야 할 식량은 산술급수적으로 증가한다고 합니다. 2→4→6→8 이런 식으로요. 그러면 4년째 되는 해에는 어떤 일이 벌어질까요? 인구는 16인데 식량은 8밖에 되지 않는 사태가 발생합니다. 식량이 엄청나게 부족해진다는 뜻입니다.

먹을 게 부족하니 당연히 굶는 사람이 생겨나겠지요. 도대체 이 심각한 문제를 어떻게 해결해야 할까요? 맬서스는 이렇게 답합니다. "해결? 뭔 해결을 해? 그건 신의 섭리이고 자연의 이치야. 그냥 내버려 둬. 가난한 집안에서 태어나 굶어 죽는 건 그 사람의 운명이야. 그런 이들이 빨리빨리 죽어줘야 잘사는 사람들이 넉넉하게 살 수 있는 거라고."

그래서 그는 저서 『인구론』에 이런 음울한 독설을 적어놓습니다.

"가난해서 죽는 것은 신의 섭리이다. 따라서 그들을 돌보는 것은 선행이 아니라 오히려 재앙이다."

"전염병을 퇴치해서는 안 된다. 병든 사람은 죽게 내버려 둬야 한다. 이것이 상류층을 살릴 수 있는 유일한 길이다."

전진하는 인류, 맬서스를 넘어서다

참으로 섬뜩한 저주이군요. 가난한 사람은 계속 가난해야 하며, 제명대로 못 살고 일찍 죽는 것이 '신의 섭리'라니 말입니다.

하지만 다행히도(!) 맬서스의 주장은 사실이 아닌 것으로 판명 났습니다. 우선 인구가 기하급수적으로 늘어나지 않았지요. 늘어나긴 했어도 그 속도가 어느 정도 제어됐습니다. 또 식량도 산술급수적으로만 증가하지는 않았습니다. 과학 기술의 발전으로 식량 생산능력도 함께 높아지면서 인류는 비교적 충분한 식량을 확보할 수 있었습니다. 이제 식량이 너무 부족해 사람들이 떼죽음을 당하는 일은 많이 사라졌고, 전염병도 어느 정도 예방할 수 있는 길이 생겼지요. 한국

만 해도 1970년대 쌀이 부족해 정부가 혼식을 강요하던 시대에서, 이제는 건강을 위해 국민들이 스스로 혼식을 하는 시대로 바뀌었고요.

맬서스의 주장은 경제학이라는 학문이 얼마나 이기적으로 변질될 수 있느냐를 단적으로 보여 줍니다. 비교적 부유한 삶을 살았던 맬서스는 철저히 '부유한 자들만 살아남는 세상'을 옹호하는 것처럼 비춰지는 잔인한 이론을 설파했습니다. 그리고 '굶어 죽을 걱정 없는' 부유한 사람들은 그의 이론에 열광했습니다.

하지만 인류는 그렇게 사악하기만 하고, 또 무능력하기만 한 생명체가 아닙니다. 다행히 이후 인류는 지혜를 모아 함께 생존하는 법을 조금씩 터득해 나가고 있습니다. 물론 아직 완벽하지는 않지만요. 인류가 맬서스의 침울한 독설을 넘어 보다 나은 세상을 향해 전진하고 있다는 사실은 실로 다행스럽고 자랑스러운 일이 아닐 수 없습니다!

⭐ 토머스 맬서스의 한마디

"인구가 늘어나는 한 굶어 죽는 것을 피할 수는 없다. 굶어 죽지 않는다면 병으로 죽는다. 병이 아니면 전쟁으로 죽는다. 이렇게 죽어야 식량과 인간의 숫자가 맞아떨어진다."

이게 무슨 뜻?

가난하고 힘없는 자들이 죽는 것은 신의 섭리이다. 그리고 그들이 그렇게 죽어 줘야, 식량 부족 문제가 해결되고 세상이 제대로 돌아갈 수 있다.

잘하는 분야에 집중하고, 자유롭게 무역하라!

데이비드 리카도

David Ricardo, 1772~1823년

영국 런던에서 태어난 경제학자입니다. 리카도는 주식 중개인으로 일하면서 큰돈을 번 뒤 30대에 애덤 스미스의 『국부론』을 읽고 독학으로 경제를 공부했지요. 당시만 해도 유럽 각 나라들은 수출만 늘리고 수입은 최대한 줄이는 보호무역 사상을 숭배했습니다. 하지만 리카도는 "전 세계가 분업을 하고 그 생산품을 자유롭게 무역하는 것이 보호무역보다 더 이익이다."라는 주장을 펼쳤지요. 리카도의 이런 생각은 보호무역을 넘어서서 자유무역 사상을 체계화하는 데 큰 힘을 보탰습니다.

절대 우위론,
자유무역 이론의 토대가 되다

이번에 우리가 배울 경제학자는 데이비드 리카도입니다. '비교 우위론'이라는 이론을 통해 오늘날까지 전 세계적으로 통용되는 '자유무역 이론'의 토대를 닦은 인물이지요. 리카도의 이론을 이해하기 위해서는 우선 '자유무역'이 무엇인지를 알아야 합니다.

자유무역이란 여러 나라가 물건을 사고팔 때, 어떤 규제도 두지 않고 자유롭게 교역하도록 허용하는 것을 말합니다. 자유무역을 이론적으로 뒷받침하기 위한 대표적인 두 학설이 '절대 우위론'과 '비교 우위론'입니다. 절대 우위론은

앞서 소개한 '경제학의 아버지' 애덤 스미스가 펼친 주장이고, 비교 우위론은 바로 리카도의 핵심 사상입니다.

그렇다면 우선 애덤 스미스의 절대 우위론부터 살펴볼까요? A와 B라는 두 나라가 있습니다. 이 두 나라는 모두 반도체와 물고기를 생산할 수 있지요. 그런데 기술이 발달한 A는 반도체 1개를 만드는 데 1시간이면 충분하지만, B는 기술력이 부족해 무려 9시간이나 걸리는군요. 반면에 A의 국민들

나라	반도체	물고기
A	1시간	9시간
B	9시간	1시간

은 배를 잘 못 타서 물고기 1마리를 잡는 데 무려 9시간이나 걸린답니다. 반대로 B의 국민들은 어업에 능해서 물고기 1마리쯤이야 1시간 만에 뚝딱 잡을 수 있고요.

자, 이런 상황에서 이 두 나라가 가장 효율적으로 반도체와 물고기 두 가지를 모두 가지려면 어떻게 해야 할까요? 그냥 각자 자기 나라 안에서 열심히 반도체를 만들고 물고기를 잡으면 될까요? 그게 아니죠. 만약 A, B 두 나라가 무역을 하지 않고 자기 힘으로만 반도체 1개와 물고기 1마리씩을 각각 가지려면, 두 나라 모두 10시간을 허비해야 합니다.

그런데 좋은 생각이 떠올랐습니다. 그렇게 비효율적으로 살지 말고 두 나라 모두 자기가 절대적으로 잘하는 일에 집중한 뒤 물건을 교환하면 어떨까요? 이렇게 한번 해 보는 겁니다. A는 물고기를 포기하고 반도체만 2개 만듭니다. 2시간만 쓰면 되겠군요. 반면에 B는 반도체를 포기하고 물고기만 2마리를 잡습니다. 이것도 2시간이면 충분하지요? 그런 뒤 A와 B가 서로 반도체와 물고기를 하나씩 바꾸는 겁니다. 어때요, 훌륭하지요? 이렇게 하면 두 나라 모두 2시간만 들여 반도체 1개와 물고기 1마리를 가지게 됩니다.

이것이 바로 절대 우위론입니다. 괜히 한 나라 안에서 이것저것 다 하려 하지 말고, 서로 '절대적으로 잘하는' 것에 집중한 뒤 무역을 통해 필요한 물품을 바꾸면 두 나라 모두 행복해진다는 주장이지요.

리카도, 비교 우위론으로 자유무역에 빛을 비추다

그런데 절대 우위론을 듣다 보면 이런 궁금증이 생길 수 있습니다. 만약 앞의 두 나라처럼 각 나라가 하나씩이라도 확실히 잘하는 분야가 있다면 모르겠는데, 그렇지 않은 경우 어떻게 해야 할까요? 예를 들어 다음 표와 같은 경우입니다.

나라	반도체	물고기
A	1시간	4시간
B	10시간	8시간

이 경우는 반도체와 물고기 모두 A가 더 효율적으로 잘 만들고 잘 잡습니다. 반도체는 A가 1시간 만에 만드니 10시간 걸리는 B에 비해 10배나 효율적이고, 물고기는 A가 4시간 만에 잡으니 8시간 걸리는 B에 비해 2배는 더 효율적인 셈이지요. 그렇다면 이럴 때는 무역을 할 필요가 없을까요?

이 문제에 대해 해답을 내놓은 이가 바로 리카도입니다. 그가 주장한 '비교 우위론'은 이렇게 설명합니다. "이럴 때도 무역을 하는 게 이익이지. 비록 절대적으로는 A가 모든 분야에서 B보다 더 효율적으로 물건을 만들지만, 상대적으로 따져 보면 다르거든. A는 B보다 반도체를 '훨씬' 더 잘 만들고, 물고기는 상대적으로 '덜' 잘 만들어. 이때 A가 반도체만 만들고, B는 물고기만 잡아서 교환하면 서로에게 이익이 된다고."

어, 그것 참 신기한 주장이군요. 어디 맞는 말인지 한번 살펴보죠. A가 혼자 힘으로 반도체와 물고기를 모두 하나씩 가지려면 5시간(반도체 1시간＋물고기 4시간)이 들겠군요. B는 반도체와 물고기를 모두 하나씩 가지려면 18시간(반도체 10시간＋물고기 8시간)을 써야 하고요.

자, 이번에는 리카도의 말대로 A는 상대적으로 훨씬 더 잘 만드는 반도체만 2개 만들고, B는 그나마 반도체보다는 더 잘 잡는 물고기만 2마리를 잡는다고 칩시다. A는 2시간(1시간×2)이면 반도체 2개를 만들 수 있고, B는 16시간(8시간×2)이면 물고기 2마리를 잡을 수 있겠군요. 그런 다음 두 나라가 반도체와 물고기를 하나씩 교환합니다. 이렇게 하면 A는 2시간만 쓰고, B는 16시간만 써서 반도체와 물고기를 모두 하나씩 갖게 됩니다. 어라? 무역을 안 했을 때에는 A는 5시간, B는 18시간이 필요했는데 이렇게 하면 훨씬 효율적이군요!

이것이 비교 우위론의 요체입니다. 절대적이 아니더라도 상대적으로나마 더 잘하는 분야가 있다면, 그 분야를 잘 개발해 자유무역을 하는 것이 모두에게 이익이라는 게 리카도의 주장이었죠.

비교 우위론이 가져온
그림자

리카도가 살던 시절만 해도 '자유무역은 무슨…. 내 것만 많이 팔고 남의 것은 절대 사지 않는 게 이익이야!'라는 생각이 팽배했어요. 이런 사상을 자국의 산업만 보호하려 한다는 의미에서 '보호무역주의'라고 부릅니다. 실제로 1815년 영국은 곡물법이라는 법을 만들어서 외국산 곡물의 수입을 전면 금지하는 등 강력한 보호무역을 실시했습니다. 리카도는 이런 상황에서 보호무역이 국익에 도움이 된다는 고정관념을 깨고 자유로운 무역을 통해 전 세계가 골고루 교류하고 혜택을 누리는 세상을 꿈꿨습니다.

하지만 세월이 흐르면서 리카도 이론의 문제점이 조금씩 드러났습니다. 리카도의 주장에 따르면 각 나라는 비교 우

위를 지닌 상품만 열심히 만들어 무역을 해야 하지요. 이렇게 하면 경제적으로 뒤처진 나라들은 영원히 발전을 할 수 없게 됩니다. 예를 들어 필리핀같이 기술이 떨어진 나라는 절대로 자동차나 휴대전화를 만들면 안 되고, 바나나만 열심히 재배해 팔아야 합니다. 그렇다면 필리핀은 도대체 언제 기술을 배워 나라를 발전시킬 수 있나요?

지금의 청소년들은 상상도 못 할 일이지만 1950년대 후반, 한국은 세계에서 가장 가난한 나라였습니다. 당시 우리가 제일 많이 수출했던 품목은 오징어와 텅스텐이었죠. 이 두 가지 품목 정도만 비교 우위를 가지고 있었습니다. 리카도의 이론에 따르면 한국은 그때부터 영원히 비교 우위를 지닌 오징어와 텅스텐만 팔아야 했습니다. 하지만 한국은 그런 길을 걷지 않았습니다. 비록 비교 우위가 없었더라도 우리는 과감히 자동차와 전자 제품을 만드는 일에 뛰어들었고, 그 덕에 이제 세계 15위권의 경제 강국으로 올라섰으니까요.

생각해 보세요. 지금 아프리카에 있는 수많은 가난한 나라들에게 "너희는 영원히 물고기나 잡고 커피나 재배해서 팔아. 자동차나 휴대전화는 비싼 값에 우리한테 사서 쓰고." 라고 이야기하는 게 과연 공평한 일일까요? 리카도의 비교 우위론은 혁신적이고 뛰어난 아이디어였지만, 이처럼 현실에 100% 바로 적용하기에는 많은 문제점이 뒤따른 이론이기도 하답니다.

데이비드 리카도의 한마디

"두 사람의 생산성은 다를 수 있다. 하지만 각자가 가장 잘하는 분야를 전담한 뒤 이를 만들어 자유롭게 교역하면 두 사람 모두 경제적으로 이익을 얻는다."

이게 무슨 뜻?

각 나라가 비교 우위를 가진 영역을 특화해 그것만을 생산한 뒤 자유무역을 실시하면, 교역하는 모든 나라가 더 효율적인 경제적 혜택을 누릴 수 있다.

경제학에
필요한 것은
애국심이다

프리드리히 리스트

Friedrich List, 1789~1846년

1789년 독일 남부의 도시 로이틀링겐(Reutlingen)에서 가죽을 다루는 노동자의 아들로 태어났습니다. 아버지가 노동자이긴 했지만 리스트의 집안은 꽤 넉넉한 편이었습니다. 리스트는 청년 시절부터 행정관청에서 공무원으로 일하면서 애국심을 키웠습니다. 여러 왕국으로 나뉘어 있던 독일의 통일을 열망한 인물이기도 했죠. 하지만 리스트의 보호무역 이론은 그가 그토록 사랑했던 조국 독일로부터 인정을 받지 못했습니다. 이후 그는 미국으로 망명해 사업에 크게 성공한 뒤, 다시 독일을 찾아 자신의 이론을 거듭 설파했지만 독일은 여전히 그의 경제학을 외면했죠. 조국으로부터 외면받은 실망감에 건강 악화까지 겹치면서 힐밍에 빠진 리스트는 1846년 숲속에서 권총 자살로 생을 마감했습니다.

햄버거를 효율적으로 얻는 방법

"만약 영국으로부터 철도 레일을 수입하면 우리는 철도 레일을 얻지만, 우리의 돈을 잃게 됩니다. 하지만 생각해 보세요. 우리가 직접 철도 레일을 만들면, 우리는 철도 레일도 얻고 우리의 돈도 지킬 수 있습니다."

미국이 대륙횡단철도를 건설할 당시 대통령 에이브러햄 링컨(Abraham Lincoln)이 주위 참모들에게 했다는 말입니다. 어떻습니까? 그럴싸합니까? 링컨의 판단이 매우 애국적으로 들리나요?

그렇다면 질문을 바꿔 보죠. 지금 햄버거를 먹고 싶습니다. 그런데 햄버거를 맥도날드에서 사 먹으면, 우리는 햄버

거를 얻지만 우리의 돈을 잃게 됩니다. 하지만 우리가 직접 햄버거를 만들면, 우리는 햄버거도 얻고 우리의 돈도 지킬 수 있겠군요.

그 말이 일리가 있어 보여 직접 햄버거를 만들기로 했다고 칩시다. 그러면 햄버거 패티(patty)가 있어야겠군요. 소고기나 돼지고기를 사야 합니다.

그런데 우리가 고기를 정육점에서 사면, 우리는 고기를 얻지만 우리의 돈을 잃게 되죠. 반면에 우리가 직접 소나 돼지를 키우고 도축하면, 우리는 고기도 얻고 우리의 돈도 지킬 수 있겠군요.

더 해 볼까요? 이 논리대로라면 햄버거에 들어가는 양파나 토마토도 직접 재배하는 게 유리합니다. 케첩이나 마요네즈도 직접 만들어야죠. 아차, 마요네즈를 만들려면 계란이 필요하니 닭도 키워야겠네요. 어떻습니까? 왠지 말이 좀 심하게 안 되는 것 같죠?

우리는 앞에서 경제학자 데이비드 리카도가 자유무역을 주장했다는 사실을 확인했습니다. 리카도에 따르면 각 나라가 잘하는 것에 각각 집중한 뒤 무역을 하면, 훨씬 효율적으로 생산성을 높일 수 있죠.

이게 바로 '분업의 원리'라는 것입니다. 링컨의 주장처럼 돈을 지키겠다며 미국이 모든 것을 다 하려 한다면, 이는 햄버거 하나 먹기 위해 우리가 농사도 짓고, 케첩도 만들고, 닭도 키워야 한다는 사실을 의미합니다. 하지만 이는 너무나 비효율적이죠. 혼자서 모든 것을 다 하는 것보다, 각자 잘하는 영역을 나눈 뒤(분업) 시장을 통해 교역하는 것이 훨씬 효율적입니다. 링컨의 말은 그래서 경제학적으로 볼 때 '일단' 엉터리입니다.

자유무역은 선진국이 후진국을 착취하는 도구

그런데 링컨의 이야기에 '일단' 엉터리라고 단서를 단 이유가 있습니다. 분명히 경제학적으로는 분업이 효율적입니다. 하지만 리카도 편에서 배웠듯이 자유무역은 후진국의 발전을 가로막습니다. 분업이 효율적이라는 이유로 선진국은 자동차나 텔레비전을 만들고 후진국은 쌀을 재배하고 물고기만 잡는다면, 후진국은 도대체 언제 공업 제품을 만들 기회를 가질까요? 이런 논리라면 후진국은 영원히 농업이나 어업에서 벗어나지 못하고 가난하게 살아야 합니다.

자유무역의 옹호자였던 리카도는 영국의 경제학자입니

다. 그리고 18~19세기 영국은 그야말로 세계에서 가장 공업이 발달한 나라였습니다. 산업혁명이 영국에서 일어났으니까요. 이 상태에서 자유무역을 하면 영국은 값비싼 공산품만 수출해 돈을 많이 버는 반면, 공업이 낙후된 다른 나라는 계속해서 농업에만 매달려야 하는 문제가 생깁니다. 이 점을 간파하고, 영국의 자유무역 이론에 격렬히 반대한 학자가 있었습니다. 독일의 경제학자 프리드리히 리스트가 그 주인공입니다.

리스트는 자유무역의 수호자인 리카도와 같은 시대 사람입니다. 리카도보다 17살이 어렸죠. 그리고 리스트가 살던 시절 독일은 유럽에서도 가장 가난한 농업 국가였습니다.

사실 엄밀히 말하면 당시 독일은 하나의 통일된 나라도 아니었어요. 그가 태어났을 때만 해도 독일은 무려 300개가 넘는 왕국이 느슨하게 연합한 상태였으니까요. 1815년 독일 연방이 구성되면서 이 같은 혼란은 다소 진정됐지만 독일은 여전히 프로이센, 바이에른, 하노버, 작센, 뷔르템베르크 등 35개의 군주국와 4개의 자유도시로 분열돼 있었습니다.

리스트는 이런 후진국 독일이 발달한 공업 국가 영국과 자유무역을 하는 것은 자살행위라고 생각했습니다. 그는 발달한 공업 기술을 보유해야 강국이 될 수 있다고 믿었는데, 영국과 자유무역을 하면 독일은 영원히 공업화의 기회를 잃는다고 생각했죠.

그래서 그는 영국에서 수입되는 물품에 어마어마한 세금을 물려야 한다고 주장했습니다. 이렇게 자국의 산업을 보호하기 위해 극단적으로 수입을 제한하는 사상을 '보호무역주의'라고 부른다는 사실을 리카도 편에서 배웠죠. 리스트는 바로 이 보호무역의 수호자였습니다.

물론 이렇게 극단적인 보호무역을 펼치면 효율성이 낮아집니다. 햄버거를 먹기 위해 혼자서 소도 키우고 밀도 재배해야 하는 번거로움을 감수해야 하죠. 하지만 진정한 공업 강국으로 가기 위해서는 그 어려움을 인내해야 한다는 것이 리스트의 믿음이었습니다. 리스트가 대표 저서 『정치경제학의 국민적 체계』에 남긴 말을 살펴봅시다.

Made in Germany

도덕적 소질이 있는 국민으로 채워진 국가는 수입 물품에 관세를 부과함으로써 그 나라의 공업력을 증진시킬 수 있다. 그런 정책을 펼치면 처음에는 기술이 부족해 물건을 비효율적으로 비싸게 생산할 수도 있고, 그 때문에 일시적으로 많은 가치가 희생될 수도 있다. 하지만 장차 그 나라 국민은 자신의 영토 안에서 대규모 분업을 도입해 농업과 공업 사이에 활발한 교환을 스스로 만들어 낼 것이다. 생산력도 현저하게 높아질 것이고 국가의 복지도 늘어날 것이다. 이것이 내가 주류 이론인 자유무역을 배척하고 보호무역을 옹호하는 근본적 이유다.

애국심이 넘쳤던 경제학자

경제학자였던 리스트는 분업이 효율적이라는 사실을 알고 있었습니다. 하지만 그는 지독히도 조국 독일을 사랑한 애국자였습니다. 그는 애국심이 결여된 경제학은 경제학의 역할을 할 수 없다고 믿었죠. 애국심 때문에 리스트는 조국 독일의 산업을 보호하기 위해 강력한 보호무역을 펼쳐야 한다고 주장한 것입니다. 비록 그가 그토록 사랑했던 독일이 그의 사상을 채택하지 않았고, 평생 조국의 외면에 고통받으면서 살다가 세상을 떠났지만요.

"자유무역이 후진국을 선진국에 예속시킨다."라는 그의 사상은 현실 세계에서 매우 설득력이 있습니다. 아프리카와 동남아시아의 수많은 나라들이 수십 년째 빈곤에서 벗어나지 못하는 이유를 생각해 보죠.

예를 들어 필리핀 대형 마트에 가 보면 치약은 전부 콜게이트 치약 등 선진국에서 수입한 것만 팝니다. 필리핀 내에 치약 만드는 산업이 발달해 있지 않기 때문입니다.

그런데 정말 필리핀이 치약 하나 만들지 못할까요? 그렇지는 않을 겁니다. 문제는 어떻게든 자국의 힘으로 치약을 만들려고 했을 때 생깁니다. 아무래도 기술력이 떨어지다 보니 필리핀 국산 치약은 품질도 좀 떨어지고 가격도 비싸겠죠.

이때 콜게이트파몰리브(Colgate-Palmolive Co.) 같은 선진국

기업들이 싼 가격에 치약을 대거 시장에 팔겠다고 내놓습니다. 이러면 소비자들이 비싸고 질 나쁜 국산 치약을 쓰고 싶을 리가 없죠. 당연히 싸고 품질 좋은 선진국 치약을 씁니다. 이래서 필리핀에서는 국산 치약을 만들려는 시도조차 못하는 것입니다.

이것을 막을 유일한 방법은 선진국 치약의 수입을 아예 금지하거나, 어마어마한 세금을 물려 선진국 치약 가격을 비싸게 만드는 겁니다. 하지만 자유무역 체제에서 이런 일은 불가능하죠. 자유무역이 세계를 지배하는 한, 후진국들은 자체적으로 공업을 발전시킬 기회를 잃는 것입니다.

공업이 발달한 선진국들은 이를 '효율'이라고 부릅니다. 하지만 그것은 효율을 가장한 착취일 뿐입니다. 리스트는 바로 이런 선진국의 횡포에 격분한 것입니다.

물론 리스트의 사상이 효율성 면에서 떨어지는 것은 사실입니다. 게다가 리스트는 애국심이 너무 강했던 나머지, 보호무역으로 독일이 공업 강국이 되면 그때부터 자유무역을 받아들여야 한다는 엉뚱한 주장을 펼쳤죠. 선진국이 됐

으니 이제는 자유무역을 통해 독일이 후진국을 착취해야 한다는 취지였습니다.

이렇게 다소 앞뒤가 안 맞는 주장을 펼치는 바람에 리스트의 사상은 국수주의(國粹主義, 다른 나라를 무조건 배척하는 극단적인 애국주의)의 기반이 됐습니다. 실제로 제2차 세계대전을 일으킨 독일의 독재자 아돌프 히틀러(Adolf Hitler)는 '리스트 부흥 운동'을 펼치기도 했으니까요.

하지만 이런 약점에도 불구하고 자유무역이 후진국을 착취하는 수단임을 간파한 그의 시각은 여전히 많은 시사점을 남깁니다. 아프리카와 동남아시아 국가들이 자유무역이라는 이름 아래 수십 년 동안 자주적인 공업 발전의 기회를 박탈당한 것이 리스트 사상의 뛰어남을 입증하기 때문입니다.

★ 프리드리히 리스트의 한마디

"프랑스나 스페인은 영국인들이 마시는 최고급 포도주를 생산하고, 자기들은 저질 포도주나 마시는 운명을 맞을 것이다."

이게 무슨 뜻?
공업 강국이었던 영국과 자유무역을 계속하는 한 유럽 다른 나라들은 영국의 경제에 종속되는 이류 국가로 전락할 것이라는 뜻이다.

사랑이 넘치는
멋진 신세계는
가능할까?

샤를 푸리에

Charles Fourier, 1772~1837년

프랑스 브장송에서 태어났습니다. 그가 활동할 당시 경제학의 주
류는 애덤 스미스의 '자유방임주의(自由放任主義)'였습니다. 각 개
인에게 경제 활동의 자유를 최대한 보장하고 경쟁을 활성화하자
는 사상이었죠. 하지만 푸리에는 이를 '세상을 망치는 악(惡)'으로
규정했어요. 푸리에는 경제적 자유보다도 서로를 배려하는 마음
을, 경쟁보다도 조화와 소통을 강조했습니다. 그리고 이를 위해 부
자(富者)와 빈자(貧者)가 함께 모여 배려하고 살아가는 '이상향'을
만들자고 주문했죠. 그의 대표 논문 제목도 '사랑이 넘치는 신세
계'라는 아주 인간적인 것이었답니다.

비인간적인 경제학 교수님?

제가 대학에 다닐 때 경제학과에 김태성 교수님이라는 분이 계셨습니다. 천재 경제학자로 불리며 세계 학계에서도 이름을 떨친 학자이셨죠. 그분이 시장경제의 원리를 가르치면서 소개해 준 일화가 있습니다. 교수님 집에는 두 딸이 있었는데, 교수님이 아이스크림 케이크를 하나 사 들고 집에 갔다는 거죠. 그리고 첫째에게 칼을 줍니다.

"자, 동생하고 나눠 먹도록 네가 케이크를 두 조각으로 잘라라. 그런데 조건이 있다. 자르는 건 네가 하는데 어느 조각을 먹을지는 동생이 결정한다."

언니는 곰곰 생각합니다. 물론 언니는 케이크를 많이 먹

고 싶겠죠. 그렇다면 어떻게 자르는 게 가장 유리할까요?

처음에는 큰 조각을 먹을 욕심으로 하나는 크게, 하나는 작게 자릅니다. 그러나 결과는 비참하죠. 선택권을 가진 쪽은 동생이니까요. 동생이 냉큼 큰 조각을 들고 가 버립니다. 이번에는 동생을 속이기 위해 엇비슷하게, 하지만 한쪽을 아주 약간 크게 잘라 봅니다. 하지만 동생은 바보가 아닙니다. 신중하게 케이크 크기를 비교한 뒤 역시 큰 조각을 홀랑 가져가 버립니다.

여기서 언니는 엄청난 발견을 합니다. 언니가 케이크를 더 많이 먹는 방법은 절대 없다는 진리(!)를요. 그리고 자신에게 가장 유리한 방법은 케이크를 딱 절반으로 자르는 것이라는 사실을 말이지요.

교수님은 이 이야기를 해 주면서 "인간은 합리적이기 때문에 자신에게 가장 유리한 선택을 하게 마련이다. 한두 번은 실수할 수 있어도 같은 상황이 여러 번 오면 반드시 이기적이고 현명한 방법을 찾는다. 이것이 현대 경제학의 기본 사상이다."라고 말씀하셨죠.

그런데 그 강의를 듣고 있던 한 학생이 이렇게 조용히 투덜댑니다. "에이, 교수씩이나 돼 갖고 비인간적이기는. 나 같으면 그냥 케이크를 두 개 사서 하나씩 충분히 먹이겠구먼!"

나눔의 공동체를 꿈꿨던 몽상주의자

앞서 이야기했지만, 19세기 산업혁명 초기 유럽 사회의 모습은 실로 비참했습니다. 노동자들은 하루 1,000원도 안 되는 일당을 받으며 14시간 넘게 일해야 했고, 도시는 질병이 들끓어 수많은 사람이 목숨을 잃었죠. 반면에 공장을 차린 산업자본가들은 큰돈을 벌어 떵떵거렸습니다.

'경제학의 아버지'로 불리는 애덤 스미스는 이 같은 현상을 아주 자연스러운 것이라고 설명했습니다. "인간은 원래 이기적인 존재이고, 이런 이기심을 최대한 발휘해야 세상이 발전한다."라고 주장했죠. 스미스의 비호 아래 불평등하고 비인간적이던 산업혁명 시대는 그 체제를 더욱 튼튼히 합니다.

하지만 이 시기 모든 경제학자들이 이런 비인간적인 모습을 옹호했던 것은 아닙니다. 이번에 우리가 공부할 샤를 푸리에가 바로 산업혁명 시대에 인간미 넘치는 사회를 꿈꿨던 대표적인 학자입니다.

푸리에는 극도로 가난한 노동자들의 모습을 보면서 세상이 뭔가 크게 잘못 돌아가고 있다고 믿었습니다. 그는 온갖 상상력을 동원해 이 불평등하고 비인간적인 사회를 개선할 방법을 모색합니다. 마침내 그가 찾은 해법은 부자와 가난한 자가 함께 모여 마을을 만든 뒤, 마을 안에서 서로 나누고 배려하며 살아가는 것이었습니다. 그는 상상 속에 만든 이 이상향의 이름을 '팔랑스테르(Phalanstère)'라고 불렀습니다.

그가 꿈꿨던 팔랑스테르의 모습을 잠깐 살펴볼까요? 이곳에는 1,600~1,800명이 하나의 거대한 주택단지에 모여 삽니다. 사람들은 가족만큼 서로를 사랑하며 지내죠. 4~6층 규모의 주택들은 무척 아름답고 쾌적해서, 푸리에의 표현을 빌리면 "여름에는 분수 덕분에 시원하고 겨울에는 거대한 벽난로 때문에 따뜻한" 곳입니다. 팔랑스테르에서는 누가 누구를 지배하는 일이 절대 없습니다. 중요한 결정을 내려야 할 때면 주민들이 마을 중앙 광장에 모여 토론을 통해 결정하죠. 이곳 주민들은 하루에 6시간만 일을 합니다. 마을에서 생산된 물건은 필요한 만큼 각 구성원들에게 나눠지고요. 또 아이들은 잘 갖춰진 시설에서 경쟁하지 않고 서로를 배려하며 공부를 하죠.

아, 참 멋진 도시군요. 그런데 궁금증이 하나 생깁니다.

Phalanstère

이런 멋지고 인간적인 도시를 만들려면 돈이 필요하죠. 그 돈은 도대체 어떻게 마련해야 할까요? 푸리에는 이 질문에 대해 "부자들이 인간미를 갖추고 스스로 돈을 내 이런 도시를 만들어야 한다"고 답합니다. 그런데 사실 돈에 눈이 멀어 일당 1,000원에 노동자들을 부려 먹던 당시 산업자본가들에게 이 같은 주장은 씨알도 안 먹힐 소리였죠.

하지만 푸리에는 부자들의 배려와 가난한 노동자들의 헌신을 통해 이런 유토피아가 건설될 것이라고 믿었습니다. 실제로 꽤 많은 사람들이 이 팔랑스테르를 지지하면서, 그의 사후에 미국과 프랑스 등에서는 40여 개의 팔랑스테르가 생기기도 했습니다. 물론 이들 대부분이 자금 부족으로 나중에 망하긴 했지만요.

인간적인 경제학을 꿈꾸며

푸리에는 살아생전 상상력이 지나치게 풍부해 '미친 사람'이라는 평가를 받기도 했습니다. 하지만 그의 시도는 경제학 역사에서 매우 중요한 것으로 평가됩니다. 푸리에가 등장하기 전까지 경제학에서 인간은 오로지 '자신의 이익을 위해 이기적으로 판단하고, 경쟁을 통해 남을 쓰러뜨리려는 존재'로만 해석됐습니다.

하지만 생각을 좀 해 보죠. 인간이 과연 그렇게 이기적인 존재이기만 할까요? 그렇지 않은 면이 분명히 있습니다. 좀 손해를 보더라도 누군가를 배려하고, 나누는 삶을 존중한 사람들이 얼마나 많았나요? 세상에는 아이스크림 케이크를 하나만 사서 딸들에게 '합리적으로' 나누라고 하는 냉철한 경제학 교수님도 있지만, 그 모습을 보고 '하나 더 사서 애들 좀 충분히 나눠 주면 어때!'라고 생각하는 인간적인 학생도 있는 겁니다.

특히 빈부 격차가 심해지는 요즘, 푸리에의 '인간미 넘치는 경제학'은 다시 조명받고 있습니다. 경쟁 대신 신뢰와 협동을 통해 남을 쓰러뜨리지 않고도 함께 잘살 수 있다는 믿음을 갖는 사람들이 늘어나기 시작한 것이죠. '협동조합'이라는 이름으로 같은 업종에 종사하는 기업끼리 서로 정보를

나누고 협력하는 시도가 바로 한 예입니다.

요즘 세계에서 주목받는 산업 지역 가운데 한 곳이 바로 이탈리아 북부에 위치한 에밀리아로마냐주입니다. 이곳에서는 40만 개가 넘는 중소기업이 협동조합을 조직해 서로를 돕고, 배려하며, 정보를 공유해 나가고 있습니다. 치열한 경쟁으로 다른 공장이나 가게를 쓰러뜨리는 것은 이들의 관심이 아닙니다. 협동조합 구성원들은 함께 모여 머리를 맞대고, 모두가 더 잘사는 방안을 자발적으로 모색하고 있지요. 이를테면 사무실이나 공장의 기계를 공유하는 등의 방법으로 새로운 경영의 가능성을 여는 겁니다. 이곳의 1인당 소득은 약 3만 2,500유로(약 4,200만 원, 2016년 기준)로 유럽에서도 손꼽히는 수준이며, 주민들의 생활 만족도도 무척 높다고 합니다.

　오랫동안 경제학은 합리적인 선택, 이기적인 경쟁만을 강조해 왔죠. 남을 배려하고 함께 살아가려는 마음은 잊은 채로요. 팔랑스테르를 건설해 함께 나누고 배려하는 삶을 꿈꿨던 몽상주의자 푸리에의 주장을 되새겨 봐야 할 이유가 여기에 있지 않을까요.

☆ 샤를 푸리에의 한마디

"빈곤한 사람이 전혀 없고, 모든 사람이 늙어서까지 사랑을 누리는 조화를 꿈꾼다. 사랑은 이 조화의 핵심적 요소이다. 사랑은 나름의 규범과 체제를 갖고 있다."

이게 무슨 뜻?

이기심이니 경쟁이니 하는 기존 경제학의 전제는 모두 불평등을 조장할 뿐이다. 경제학의 근본은 인간이고, 인간 본성의 핵심은 나눔과 배려를 중심으로 한 사랑이다.

노동자를
경제학의
중심에 세우다

카를 마르크스

Karl Heinrich Marx, 1818~1883년

독일 라인주에서 태어났습니다. "노동자를 중심으로 혁명을 일으켜야 한다"는 그의 주장이 '불온사상'으로 찍히면서, 마르크스는 조국 독일에서 쫓겨나 평생 파리, 브뤼셀, 런던 등을 전전해야 했죠. 마르크스 이전에도 노동자의 비참한 생활에 관심을 가진 경제학자들이 적지 않았지만, 대부분 '자본가들이 노동자들을 도와야 한다'는 식의 주장을 펼치는 데 그쳤습니다. 하지만 마르크스는 자본주의 경제에 대한 치밀한 분석과 연구를 바탕으로, 자본주의가 붕괴하고 공산주의 사회가 올 수밖에 없는 이유를 밝혀냈답니다. 그가 '과학적 공산주의자'로 불리는 것은 이 때문이지요.

풍요로운 세상 속의
가난한 노동자

2014년 2월 26일 오후 9시 20분, 서울 송파구에 있는 한 지하 주택에서 60대 어머니와 30대 두 딸이 숨진 채로 발견됐습니다. 극심한 생활고에 시달리던 세 모녀가 스스로 목숨을 끊은 것입니다. 이들은 식당 일, 아르바이트 등으로 근근이 생계를 꾸려 왔지만, 한 달가량 수입이 끊겨 먹고사는 것이 막막해졌다고 합니다.

너무도 가난해 삶을 더 이상 이어 갈 수 없었던 이들은 세상을 향해 얼마나 많은 원망을 쏟아 내고 싶었을까요? 하지만 그들은 그렇게 하지 않았습니다. 현장에서 발견된 봉

투에서는 현금 70만 원과 함께 짧은 유서가 발견됐습니다. "주인아주머니께… 죄송합니다. 마지막 집세와 공과금입니다. 정말 죄송합니다." 그들은 죽는 순간까지도 집주인에게 피해를 주지 않으려 했던 것입니다. 최소한의 생계비만 있었다면 누구보다도 단란하게 살 수 있었던 세 여인의 삶은 그렇게 끝이 났습니다.

한국은 세계 10위권의 경제 강국입니다. 하지만 이 잘사는 나라 한국에서 이런 터무니없고 안타까운 죽음이 발생합니다. 비단 오늘날 한국에서만의 일이 아닙니다. 자본주의 시장경제가 확립된 이후 빈부 격차 문제는 끊임없이 반복되어 왔습니다. 그리고 이 비참한 현실을 보면서 사람들은 묻기 시작했죠. "물질은 풍요로워졌는데 왜 노동자들의 삶은 더 피폐해지는가?"

19세기 초반, 이 어려운 질문에 아주 과학적이고 명쾌한 답을 내놓은 이가 등장합니다. 그가 바로 지금까지도 '노동자의 진실한 벗'이라는 극찬과 '자본주의 최대의 적'이라는 저주를 함께 듣고 있는 공산주의 이론의 창시자 카를 마르크스입니다.

자본주의의 심장에 칼을 들이대다

"물질은 풍요로워졌는데 왜 노동자들의 삶은 더 피폐해지는가?" 이 물음의 답을 구하기 위해서는 사회 전체적으로 가치(여기에서 가치란 사람들이 사용할 수 있는 의미 있는 재산을 뜻합니다)가 어떻게 생기는 것인지를 알아야 합니다. 마르크스가 등장하기 전까지 가치는 '노동, 자본, 토지'의 세 가지 요소로부터 생긴다고 생각했습니다. 쉽게 말하면 누군가가 일을 하거나(노동), 돈을 투자하거나(자본), 땅을 제공해야(토지) 새로운 가치가 만들어진다고 믿었던 거죠.

그런데 마르크스는 그중에서도 노동에 주목합니다. 그는 가치를 생산하는 것은 오직 노동이라고 생각했습니다. 자본과 토지는 가치를 만들지 못한다고 여긴 것이죠. 물론 돈이 있어야 기계도 사고, 땅이 있어야 공장도 지으니 상품을 만드는 데 자본과 토지의 역할이 없다고는 할 수 없겠죠. 하지만 마르크스가 보기에 자본과 토지는 상품을 만드는 배경이 될 뿐 직접적으로 상품을 만드는 데 기여하지는 않습니다. 돈을 가만히 놔둔다고 과자나 자동차가 생기진 않잖아요. 땅도 마찬가지고요. 그래서 마르크스는 '가치란 오로지 노동에 의해서만 창출된다'는 이론을 발표합니다. 이를 '노동가치설'이라고 하지요.

자, 이 이론을 받아들이면 우리가 처음 제기한 문제의 궁금증이 거짓말처럼 쉽게 풀립니다. 마르크스에 따르면 노동 외에 어떤 요소도 가치를 만들지 않죠. 따라서 자본이나 땅을 들여 공장을 지은 뒤, 이윤이나 지대(地代)라는 명목으로 돈을 버는 자본가들은 모두 노동자의 정당한 몫을 빼앗는 약탈자일 뿐입니다. 가치는 노동자가 생산했는데, 그 가치의 대부분을 자본가가 가져가니, 물질은 풍요롭지만 노동자는 가난할 수밖에 없다는 것이죠.

19세기 초반 영국에서는 러다이트운동(Luddite Movement), 혹은 '기계파괴운동'이라고 불리는 노동자 운동이 일어났습니다. 당시 낮은 임금에 시달리던 노동자들은 자신의 불우한 처지가 기계 때문이라고 생각했어요. 노동자들이 할 일을 기계가 대신하니, 자신들이 받을 돈이 줄었다고 믿은 것입니다. 그래서 노동자들은 공장으로 쳐들어가 기계를 부숩니다.

하지만 마르크스는 고개를 젓습니다. "기계가 무슨 죄야? 노동자들을 착취하는 것은 기계가 아니라 자본가들이다. 타도해야 할 것은 기계가 아니라 자본주의 시스템이란 말이다."

마르크스는 1867년 자신의 경제학 이론을 집대성한 책을 발간합니다. 바로 경제학 역사에서 애덤 스미스의 『국부론』만큼이나 중요한 저작으로 평가받는 『자본론』이지요. 그는 이 책에서 노동가치설을 이용해 자본주의 체제의 모순을 논리적으로 분석합니다. 노동가치설에 따르면 오로지 노동만이 가치를 만들어 낼 수 있습니다. 따라서 자본가들이 자신의 부를 축적하는 방법은 하나밖에 없어요. 노동자들이 더 많이 일하도록 시키는 것입니다.

마르크스는 이렇게 말합니다. "자본가의 관심은 오로지 어떻게 하면 하루에 최대한의 노동을 써먹을 수 있을까 하는 것뿐이다. 노동자가 병들건, 억압당하건, 자본가는 오직 최대한의 노동력을 짜낼 궁리만 한다."

자본가가 노동자를 착취하는 것은 그들의 성격이 나빠서가 아닙니다. 자본주의 시스템 아래에서 자본가가 이윤을 남기고 살아남기 위해서는, 근본적으로 노동자를 착취해야

하기 때문입니다. 오직 노동자만이 가치를 생산하니까요.

그럼 자본주의의 모순은 어떻게 극복해야 할까요? 마르크스는 노동자들이 자본가에게 개별적으로 항의하는 것은 효과가 없다고 봤습니다. 문제의 해결책은 결국 노동자들을 착취하게끔 짜인 자본주의 시스템 자체를 바꾸는 것이라고 생각했지요. 그의 분석에 따르면 노동자들이 서서히 자본주의의 모순을 알게 되면서 자본주의의 붕괴가 시작됩니다. 결국 노동자들이 혁명을 통해 권리를 되찾고, 모두가 평등한 공산주의 사회를 건설하는 것으로 이런 혼란은 끝을 맺게 되지요. 그는 자본주의가 붕괴하고 공산주의가 찾아올 수밖에 없는 이유를 치밀한 분석을 통해 밝히려 한 경제학자였습니다.

마르크스가 남긴 것

마르크스의 이론은 20세기 초·중반 소련과 중국 등 여러 국가들이 사회주의혁명에 성공하면서 현실화됩니다. 하지만 이들 사회주의국가의 실험은 마르크스의 소망과 달리 독재와 양민 학살, 경제성장 정체 등 여러 왜곡된 모습을 보이면서 실패로 돌아갑니다. 역사상의 사회주의국가들은 자본주의보다 더 심한 빈부 격차에 시달린 독재국가일 뿐이었지요.

　그럼에도 불구하고 마르크스의 사상은 여전히 근현대 경제사에서 무시할 수 없는 위치를 차지하고 있습니다. 왜 그럴까요? 그것은 바로 마르크스가 노동자의 위상을 경제학의 중요한 한 축으로 높여 놓았기 때문입니다. 마르크스가 등장하기 전까지 노동자들은 그저 자본가가 주는 만큼만 받고, 하루 14시간 이상을 죽도록 일하면서도 체념하며 살았던 보잘것없는 존재였죠. 하지만 마르크스 이후 노동자들은 생존할 권리, 인간답게 살 권리를 가진 존재로 인식되기 시작했습니다. 실제로 많은 노동자들이 처참한 삶을 운명으로 받아들이지 않고, 자신이 누려야 할 것을 찾기 위해 힘을 모았습니다.

아마 이 책을 읽는 여러분의 부모님들 역시 대부분 '노동자'일 것입니다. 많은 노동자들이 회사에서 하루 8시간 동안 일을 합니다. 오후 6시가 넘어야 퇴근할 수 있죠. 하지만 우리가 너무도 당연히 여기는 이 '하루 8시간 노동'은 사실 1886년 미국 시카고의 노동자 34만 명이 파업을 하고, 그중 7명이 사형을 당하면서까지 싸워 이뤄 낸 성과랍니다. 그전까지 노동자들은 하루 12~14시간씩, 새벽부터 밤늦게까지 죽도록 일을 해야 했지요. 마르크스가 현대사회에 남긴 유산은, 이처럼 노동자들이 스스로 더 나은 삶을 찾기 시작했다는 바로 그 사실이 아닐까요.

카를 마르크스의 한마디

"노동은 부자들을 위해서는 멋진 것을 만들어 내지만, 가난한 사람들에게는 불행만을 만들어 낸다."

이게 무슨 뜻?

노동자가 생산하는 가치는 자본가들을 풍요롭게 하지만, 정작 노동자 자신의 삶을 개선하지는 못한다. 자본가들이 그 가치를 빼앗아 가기 때문이다.

땅은
사유재산이
아니다

;

젠트리피케이션

헨리 조지
Henry George, 1839~1897년

미국 필라델피아에서 태어났습니다. 중학교를 다섯 달 만에 중퇴한 그는 인쇄소, 신문사 등을 전전하다 문득 '왜 세상은 발전하는데 사람들은 가난한가?'라는 문제에 직면하지요. 독학으로 경제학을 공부한 그는 세상 모든 불평등의 원인이 지대(地代), 즉 토지 사용료에 있다는 이론을 만듭니다. 조지는 토지가 사회 전체에 속하는 것이기에, 지대를 인정하는 것은 정의롭지 않다고 생각했어요. 그래서 지대 전액을 세금으로 걷어야 한다고 주장했지요. 미국의 대지주와 부자들은 그의 사상이 퍼지는 것을 필사적으로 막으려했지만, 그의 토지 사상은 많은 사람들에게 영향을 끼쳤답니다.

땅을 지배하는 자,
인류를 지배하다

저는 어렸을 때부터 별 희한한 걸 다 궁금해했던 호기심 많은 소년이었습니다. 홍길동과 손오공이 싸우면 누가 이길까? 클레오파트라와 양귀비 중 누가 더 예쁠까? 헤라클레스와 임꺽정 중 누구 힘이 더 셀까?

정말 별게 다 호기심거리라고요? 뭐, 인정합니다. 그런데 어렸을 때 궁금했던 것이 또 한 가지 있었습니다. 그게 뭐였냐면, 동서양 양 진영에서 각각 세계를 제패했다고 알려진 알렉산더대왕과 칭기즈칸 중 누가 더 강력한 정복자였나 하는 점이죠. 궁금함을 참지 못했던 중학교 시절, 저는 세계사

선생님께 그 질문을 드렸습니다. 그런데 선생님께서는 정말

쉽게 제 고민을 해결해 주시더군요.

"야, 그게 비교가 되냐? 칭기즈칸이 정복했던 영토는 알

렉산더대왕이 정복했던 것의 두 배가 넘어. 당연히 칭기즈

칸이지." 아, 그랬군요. 손오공과 홍길동이 싸우면 누가 이길

지는 몰라도, 칭기즈칸과 알렉산더대왕은 분명한 비교 기준

이 있는 거였군요. 선생님께서 제시해 주셨던 비교 기준은

바로 정복한 땅의 넓이였습니다.

누가 더 넓은 땅을 차지했느냐? 이것은 바로 인류 역사에서 정복자의 힘을 측정하는 가장 분명한 기준이었습니다. 땅은 바로 인류의 터전이었으며, 인류는 땅을 벗어나 살 수 없었으니까요. 인류의 역사는 말해 주죠. 땅을 지배하는 자가 땅 위의 모든 것을 함께 지배할 수 있었다는 사실을요.

'풍요 속 빈곤'에 던진 질문

1870년대 후반 미국 서부. 한 30대 젊은이가 엄청난 수수께끼 하나를 머리에 떠올립니다. "과학기술과 산업은 나날이 진보하는데 왜 수많은 사람들은 여전히 가난한가?"라는 질문이었죠. 연구를 거듭한 이 젊은이는 1879년 마침내 해답을 찾은 뒤 이를 책으로 출간합니다. 이 책이 바로 근현대 역사상 땅과 인류의 관계에 대해 가장 도전적인 문제를 제기한 『진보와 빈곤』입니다. 지금부터 소개할 경제학자 헨리 조지의 대표적인 저서이지요.

앞서 소개한 카를 마르크스도 헨리 조지와 똑같은 질문을 던졌습니다. 마르크스는 빈곤의 원인을 자본가가 노동자를 착취하는 데서 찾았죠. 복습 차원에서 다시 한 번 짚어 보면, 경제학에서는 부(富)를 만드는 세 가지 요소로 노동, 자본, 토지를 꼽습니다. 누군가가 일을 하거나(노동), 돈을 투자하거나(자본), 땅을 제공해야(토지) 새로운 가치가 만들어진다고 여겼죠. 마르크스는 그중 노동을 제공하는 노동자가 자본가로부터 착취당하는 것을 가난의 근본 원인이라고 봤습니다.

하지만 똑같은 질문을 던졌던 헨리 조지의 해답은 달랐습니다. 그는 진보하는 세상 속에서 사람들이 빈곤한 이유를 노동의 착취가 아니라 땅에서 찾았습니다. 즉 땅을 제공하면 받는 돈인 지대가 사람들이 누려야 할 부(富)를 부당하게 빼앗아 가고 있다고 생각한 것입니다. 그는 이렇게 설명합니다. "돈을 투자하는 자본가는 사업 아이디어를 내고 기업을 경영한다. 노동자는 열심히 일을 한다. 그런데 땅 주인인 지주(地主)는 뭘 하는가? 땅을 제공한다고? 땅은 그냥 땅

일 뿐, 아무 일도 하지 않는다. 그런데 왜 땅을 제공했다는
이유로 돈을 가로채는가?”

헨리 조지는 땅 주인들이 받는 지대는 사실상 자본가와
노동자가 받아야 할 몫을 가로채는 도둑질이라고 단언했습
니다. 노동자가 가난해지는 것도 지주들이 경제성장의 결실
을 대부분 차지하기 때문이라고 설명했지요.

높아지는 땅값,
가난해지는 노동자

젠트리피케이션(gentrification)이라는 경제 용어가 있습니다. 낙후됐던 옛 도심이 번성해 많은 사람들이 몰리자 임대료가 올라 원주민이 되레 내몰리는 현상을 말하죠. 젠트리피케이션은 결국 지대 때문에 생기는 일입니다. 한국에서 젠트리피케이션은 서울의 홍대입구와 가로수길, 경주의 황리단길 등 전국 곳곳에서 진행 중입니다.

헨리 조지는 이처럼 땅값과 지대가 끝없이 오르는 현상에 극도의 반감을 표시했습니다. 사실 땅값의 상승은 단순히 땅이 부족해서 생기는 문제가 아닙니다. 땅이 넓은 나라에서도 도시의 땅값은 계속해서 오릅니다. 그리고 그 땅에 공장을 짓는 사람들은 땅 주인에게 엄청난 지대를 지불해야 하죠.

아니, 왜 싸고 넓은 땅 놔두고 꼭 비싼 땅에다 공장을 지어야 하냐고요? 그냥 땅값이 싼 한적한 시골에 공장을 지으면 되지 않느냐고요? 생각해 보세요. 사막 한가운데 아무도 살지 않는 땅값 싼 곳에 공장을 지었다고 합시다. 전기는 어떻게 공급받나요? 수돗물은요? 이래서 싸구려 빈 땅에 공장을 지을 수가 없는 겁니다. 비싼 땅값을 물더라도 울며 겨자 먹기로 전기와 수도가 들어오고 도로도 있는 도시에 공장을 지을 수밖에 없는 것이죠.

그러다 보니 경제가 발전하는 과정에서 도시의 땅값은 계속 오르고, 그 도시에 땅을 가진 사람들은 별다른 노력 없이도 오른 땅값 덕에 돈을 버는 것입니다. 사람들은 이런 생각이 들겠지요. '열심히 일하면 뭐 해? 대도시에 땅 한 조각만 사 두면 평생 먹고살 돈이 생기는데.' 모르긴 몰라도, 사람들은 돈이 모이면 땅을 사는 데 혈안이 될 것입니다. 사려는 사람이 늘어나니 땅값은 하늘 높은 줄 모르고 치솟을 것이고요. 결국 땅 주인만 부자가 되고, 열심히 일하는 사람은 더 가난해질 것입니다.

실제 1990년 일본에서는 대도시의 땅값이 급등해, 수도 도쿄의 땅값이 미국 본토 전체의 땅값보다도 더 높아지는 황당한 상황이 벌어졌습니다. 도쿄를 팔면 미국을 통째로 사고도 남을 정도였다는 말이 그저 허풍이 아니었지요.

땅은 과연 누구의 것일까?

헨리 조지는 경제 발전의 이익 대부분을 토지 소유자가 차지하는 폐단을 막기 위해 혁신적인 세금을 만들 것을 제안합니다. 그 세금의 이름은 '단일 토지세'였습니다. 방법은 매우 간단합니다. 땅을 빌려준 대가로 지대를 받았다면, 그 지대를 모조리 세금으로 걷어 버리는 것입니다. 한 푼도 남기지 말고요.

땅으로부터 얻은 돈을 모두 세금으로 걷으라니요? '아니, 그건 좀 심한 것 아닌가? 땅 주인의 권리도 인정해 줘야지!' 이런 생각이 들 수도 있겠군요. 하지만 헨리 조지는 누군가가 '이 땅이 내 땅'이라고 주장하는 것 자체를 인정하지 않았습니다. 땅은 자연이고, 그 자연이 준 기회는 모든 사람이 공평하게 사용할 수 있어야 한다고 생각했기 때문이죠. 땅은

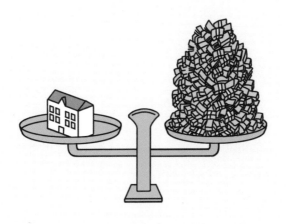

애초부터 누구의 소유물이 될 수 없다는 겁니다.

헨리 조지는 평생 "지대를 빼앗아 와야만 노동자들의 삶이 개선될 것"이라고 주장했습니다. 그래서 많은 사람들은 그를 '가난한 노동자의 위대한 친구'라고 여겼죠. 하지만 정작 헨리 조지 자신은 스스로를 노동자의 친구라고 생각하지 않았습니다. 그는 죽기 전 이런 말을 남겼습니다. "나는 노동자만의 친구가 아니다. 노동자에게 특권이 있다고 생각하지 않는다. 지대를 되찾는 것은 노동자뿐만 아니라 모든 사람이 함께 누려야 할 평등한 혜택이다."

주목할 것은 헨리 조지가 빈곤에 대한 새로운 시각을 제시했다는 것입니다. "땅값은 추위에 떠는 사람에게서 온기를, 배고픈 사람에게서 음식을, 병자에게서 약품을, 불안한 사람에게서 평온을 빼앗는다." 그는 가난의 원인을 게으름, 낭비 등의 개인적 차원이 아니라 토지 소유 제도라는 사회적 차원에서 바라본 경제학자로 평가받습니다.

아파트 한 채 가격이 수억 원에 이르는 것이 지금 한국의 현실입니다. 2018년 1분기 통계 자료에 따르면 도시 근로자 가운데 최저 소득층인 1분위*에 해당하는 서민 가구가 서울에서 아파트 한 채(2018년 3월 기준, 서울 아파트 평균 매매가 7억 947만 원)를 마련하려면, 무려 70년 4개월 동안 월급을 꼬박 모아야 한다고 합니다. 토지의 공공성을 주장한 헨리 조지의 사상은 심각한 땅값 상승과 주택문제로 신음하고 있는 우리 사회에 많은 시사점을 던져 줍니다.

⭐ 헨리 조지의 한마디

"지대는 과거에 대한 도둑질일 뿐만 아니라 현재에 대한 도둑질이며, 미래에 이 세상에 태어나는 어린이들의 타고난 권리를 빼앗는 사악한 절도이다."

이게 무슨 뜻?

땅을 가진 지주가 생산에 아무런 기여도 하지 않으면서 토지를 통해 소득을 얻는 것은 경제성장의 결실을 가로채는 일이다. 토지의 배타적인 소유가 인정되면 이런 불평등은 현재뿐 아니라 앞으로도 계속될 것이다.

---

* 소득 분위란 도시 근로자 가구를 월 평균 소득이 적은 가구부터 많은 가구 순으로 일렬로 세운 뒤, 10개 그룹으로 나눴을 때(단위: 분위) 상대적으로 위치하는 구간을 말한다. 1분위가 가장 소득이 낮고, 10분위가 가장 소득이 높다. 2018년 1분기, 1분위의 월평균 명목소득은 84만 1,203원이었고, 10분위는 1,271만 7,465원이었다.

맛있는 과자도
그만 먹고 싶을 때가
있다고?

앨프리드 마셜

Alfred Marshall, 1842~1924년

영국 런던의 보수적이면서도 풍요로운 가정에서 태어났습니다. 케임브리지대학교 재학 시절에는 '수학 천재'로 이름을 날리기도 했죠. 마셜은 "경제학이란 인간의 합리적 선택을 돕는 학문"이라는 신념 아래 평생을 한계주의(marginalism)를 정립하는 데 바쳤습니다. '한계효용 체감의 법칙' 등 한계주의의 주요 법칙들이 이 시기에 정립된 것도 마셜의 공이 컸지요. 이전까지만 해도 철학이나 도덕학의 한 분야로 치부됐던 경제학을 독립적 학문으로 세우기 위해 부단히 노력한 것도 마셜이랍니다. 그의 노력 덕에 1903년 케임브리지대학교는 인류 역사상 처음으로 경제학과를 신설합니다. 초대 교수는 물론 마셜이 맡았답니다.

공부할 것이냐,
잠을 잘 것이냐

괴롭기 그지없던 기말고사도 끝나고 오늘은 드디어 신나는 방학식 날! 이번 방학에는 놀이공원에나 실컷 가 보려고 합니다.

아, 그런데 고민이 있습니다. 놀이공원 하면 롯데월드와 에버랜드죠. 가격도 비슷하고 두 곳 다 시설도 짱짱합니다. 이쯤에서 질문을 던져 보죠. 여러분이라면 이 두 장소 중 어느 곳을 선택하겠습니까?

아니, 이 질문이 경제학하고 무슨 상관이 있냐고요? 당연히 상관이 있습니다. 지금 소환할 경제학자는 이른바 '한계

혁명(marginal revolution)[*]의 완성자라고 불리는 앨프리드 마

셜입니다. 마셜은 우리가 일상생활에서 마주치는 수많은 질

문, 이를테면 '잠을 더 잘 것이냐, 공부를 더 할 것이냐?', '짜

장면을 먹을 것이냐, 짬뽕을 먹을 것이냐?', '에버랜드를 갈

것이냐, 롯데월드를 갈 것이냐?'처럼 선택을 해야 하는 문제

*   1870년대 초에, 경제 분석의 방식으로서 '한계' 개념을 도입하여 근대 경
제학을 출현시킨 일. '한계'는 경제적 의사 결정은 작은 변화에 따라 반응
한다는 인식을 바탕으로 한 개념이다.

들에 관해 경제학적으로 가장 섬세하고 집요하게 연구했던 학자랍니다.

생활 속 경제문제를 다루다

마셜이 등장하기 전까지 경제학계의 주된 관심은 국가의 경제정책에 맞춰져 있었습니다. 국가가 시장에 개입해야 하느냐 말아야 하느냐, 복지에 더 신경을 써야 하느냐 말아야 하느냐, 자유무역을 추진해야 하느냐 말아야 하느냐 등이 주요 논쟁 주제였죠. 우리가 앞서 배웠던 모든 경제학자들도 다 이 범주에서 논쟁을 벌였습니다.

그런데 마셜은 이런 거창한 논쟁이 계속돼 왔던 경제학계에서 신선한 발상의 전환을 시도합니다. 경제학의 주제를 국가의 정책이 아니라 '개인의 행동'에 맞춘 것입니다. 마셜은 더 이상 국가가 무엇을 해야 할지에 대해 주목하지 않았습니다. 그 대신 다양한 선택의 기로에서, 개인이 어떤 선택을 해야 하는지를 집중적으로 연구했습니다. 경제학의 본질

을 '개인의 합리적 선택에 관한 학문'으로 새롭게 규정한 것이죠.

마셜이 합리적 선택을 설명하기 위해 도입한 개념이 바로 '한계(margin)'라는 것입니다. 경제 과목을 공부하다 보면, '한계'의 개념을 활용한 '한계효용 체감의 법칙'이라는 것을 배우게 돼요. 그런데 이 한계의 개념을 이해하기에 앞서 반드시 짚고 넘어가야 할 점이 있습니다. 여기서 '한계'란 "피나는 노력으로 한계를 넘어서서 꼭 일류 대학을 가자!"라는 선생님의 말씀 속 '한계'와는 다른 뜻이랍니다.

경제학 용어인 '한계'의 영어 원단어는 'margin'인데, '가장자리', '끝'을 의미합니다. 쉽게 말해서 '마지막 추가분'을 뜻한다고 생각하면 돼요. 즉 '한 단위가 늘어났다'에 가까운 뜻인 거죠. 경제 시간에 배우는 '한계효용 체감의 법칙'이란 것도, 에버랜드를 한 번 더 간다면(이것이 '한계'입니다) 만족도가 어떻게 변할까(이것이 '효용'의 변화입니다)와 같은 문제를 연구하는 개념이라 생각하면 쉽게 이해될 겁니다.

에버랜드와
롯데월드 사이에서

자, 마셜의 이론을 좀 쉽게 생각해 보죠. 지금 내가 '에버랜드를 갈까, 롯데월드를 갈까?'라는 고민을 하고 있다고 가정해 봅시다. 현재 나는 용인에 살기 때문에 집이 가깝다는 이유로 잠실에 있는 롯데월드보다는 용인에 있는 에버랜드를 훨씬 선호합니다. 그런데 방학을 맞아 매주 두 번씩 에버랜드를 갔다고 칩시다. 그렇다면 놀이공원 가는 재미가 어떻게 변할까요?

당연히 슬슬 에버랜드가 지겨워지겠죠. 그런데 어느 날 또다시 놀이공원에 갈 일이 생겼습니다. 에버랜드를 가는 게 지겨운데도 가깝다는 이유로 계속 에버랜드만 가는 것이 합리적일까요? 바로 이때가 '한계효용 체감의 법칙'을 고민해 봐야 할 때입니다.

고등학교 경제 교과서에 나오는 '한계효용 체감의 법칙'이란 말은 어려워 보이지만 사실 무척 쉬운 개념입니다. '한계'는 뭔가 '단위를 늘려 가는 일'이라고 했지요? '효용'은 당연히 '만족'의 뜻이고요. 그렇다면 한계효용 체감의 법칙이란, '하던 일을 한 번씩 반복할 때(한계를 늘려 갈수록) 얻는 만족(효용)은 줄어든다(체감한다)'는 뜻이겠군요. 그래도 어렵다고요? 정말 쉽게 말하면 '좋은 일이라도 자꾸 반복해서 하면 지겨워진다', 뭐 이런 뜻이 되겠습니다.

생각해 보세요. 배고플 때 짜장면을 먹으면 무척 만족스럽죠? 이때의 만족도를 10이라고 칩시다. 그런데 두 그릇을 연달아 먹으면, 두 그릇째 먹을 때는 처음 먹을 때만큼 행복할까요? 아닐 거예요. 배가 슬슬 불러 오면서, 만족도가 8 정도로 줄어들겠죠. 그럼, 세 그릇 먹으면요? 어휴, 배불러. 만족은 5쯤으로 줄어들 거예요. 다섯 그릇을 연달아 먹으면요? 효용은 마이너스가 될지도 모릅니다. 만족을 하는 게 아니라 먹다가 토해 버리는 수도 있겠죠. 한계를 늘려 갈수록 얻는 효용은 조금씩 줄어드는 겁니다.

이 한계효용 체감의 법칙을 알고 있으면 '에버랜드 가는 것이 지겹다'는 말의 경제적 의미를 정확히 알 수 있을 겁니다. 처음에는 에버랜드를 가는 것이 롯데월드를 가는 것보다 분명 효용이 더 높습니다. 가까우니까요! 교통비도 덜 들고, 오가는 시간도 절약할 수 있지요. 그래서 처음 에버랜드를 갔을 때 느끼는 효용을 10이라 하고, 롯데월드를 갔을 때의 효용을 6이라 가정해 봅시다. 문제는 가깝다는 이유로 에버랜드를 자꾸 갔을 때 생깁니다. 한 네 번쯤 가면 지겨워져서 그 효용이 5쯤으로 감소하겠죠. 이때에도 가깝다는 이유로 에버랜드를 가야 할까요?

아닙니다! 바로 이때야말로 비록 조금 멀지만 처음 가면 효용이 6쯤 되는 롯데월드를 가야 합니다. 교통비가 좀 더 들고, 오가는 시간도 더 소요되겠지만 지겨워 죽을지도 모르는 에버랜드를 가는 것보다 롯데월드에 가서 새로운 경험을 해 보는 것이 낫다는 뜻입니다.

무엇을 선택할 것인가

수많은 선택의 기로에서 '한계'라는 개념은 매우 유용합

니다. 중국집을 갔을 때 느끼는 세계적인(!) 고민, 즉 짜장면을 먹을 것이냐 짬뽕을 먹을 것이냐의 문제도 쉽게 해결이 가능하죠. 비록 내가 짜장면을 짬뽕보다 조금 더 좋아하더라도, 두세 그릇을 연이어 먹어야 한다면 짜장면이 지겨워질 때 '짬뽕을 먹는 게 더 낫지 않을까?'라고 생각할 수 있어야 합니다. 짜장면을 더 좋아한다고 무작정 짜장면만 계속 먹을 것이 아니라, 어느 시점부터는 두 개의 선택권을 놓고 어느 쪽의 한계효용이 더 클지를 비교해 봐야 한다는 뜻입니다.

사실 마셜이 한계의 개념을 처음으로 경제학에 도입한 것은 아닙니다. 앞서 알아본 한계효용 체감의 법칙만 해도 독일의 경제학자인 헤르만 하인리히 고센(Hermann Heinrich Gossen)이 먼저 착안했죠. 하지만 이 법칙을 보다 광범위하게 적용하고, 그 중요성을 확고히 집대성한 인물이 바로 마셜이었습니다. 그래서 마셜에게 '한계혁명의 완성자'라는 별칭이 붙은 것입니다.

마셜의 한계주의는 이처럼 한계가 늘거나 줄 때, 과연 어떤 경제적 결과가 일어나는지를 집중적으로 다뤘습니다. 마셜의 이 연구는 이후 수많은 개인과 기업들이 선택의 기로에서 합리적 선택을 할 수 있도록 하는 데에 크나큰 도움을 주었답니다.

앨프리드 마셜의 한마디

"무릇 경제학도라면 차가운 머리와 따뜻한 가슴을 함께 가져야 한다."

이게 무슨 뜻?

마셜은 합리적 선택을 위해 '차가운 머리', 즉 냉철한 이성을 최고로 중요한 요소로 꼽았다. 이 냉철한 이성이 바로 '한계주의'의 근간이었다. 하지만 이것 못지않게 그는 '가난한 사람을 돌보는 따뜻한 가슴'의 필요성도 강조했다. 마셜의 이 말은 이후 전 세계 모든 경제학도들이 가슴에 품은 경제학계 최고의 명언으로 남아 있다.

놀고먹는 자들이 가난한 자들을 지배하는 방법

소스타인 베블런

Thorstein Bunde Veblen, 1857~1929년

미국 위스콘신주 매니터웍에서 노르웨이 이민자의 아들로 태어났습니다. 괴짜 기질이 다분해 한때 다니던 신학교의 엄격한 분위기에도 아랑곳하지 않고, 친구들에게 "인육을 먹자"고 선동하는 등 기행을 일삼았다고 하네요. 오랫동안 실업자로 지내다가 34세에 코넬대학교에서 경제학을 가르치기 시작했습니다. 이후 시카고대학교로 일자리를 옮겼는데 이곳에서 그 유명한 『유한계급론』을 저술해 자신의 이름을 전 세계에 알렸습니다. 하지만 급진적인 주장과 특유의 반골 성향 탓에 교단을 떠나 평생을 가난하게 살아야 했죠. 노년이 됐을 때 "미국 경제학회장을 맡아 달라"는 요청을 받았지만, 베블런은 "정작 내가 필요로 할 때는 나를 거부하더니 이제 와서 무슨!"이라며 거절했습니다. 베블런은 자신이 예견했던 대공황(1929년)을 두 달가량 앞두고 산장에서 칩거를 고집하다 세상을 떠났답니다.

왜 가난한 사람들이
"이재용 석방"을 외쳤을까?

　2016년 겨울부터 2017년 봄까지 한국은 그야말로 촛불
집회의 나라였습니다. 전직 대통령의 국정 농단 사태에 항
의해 수백만 명의 시민들이 촛불을 들고 거리를 메웠죠. 촛
불 집회 과정에서 결국 대통령이 탄핵당했고, 한국에서 제
일 거대한 기업을 이끌던 삼성그룹의 이재용 부회장이 뇌물
죄로 구속되기에 이르렀습니다.

　그런데 이 국면에서 한 가지 특이한 사실이 발견됩니다.
촛불 집회에 반대하는 사람들이 대통령 탄핵을 막기 위해
일명 '탄기국'(대통령 탄핵 기각을 위한 국민 총궐기 운동 본부)이라는

단체를 결성하고 대응 집회를 연 것입니다. 이 집회에 참석한 사람들은 주로 '좌빨필살'(좌익과 빨갱이는 모두 죽여야 한다는 뜻)이라는 섬뜩한 글씨가 적힌 모자를 쓰고 해병대전우회 군복을 입은 채 태극기를 흔들었습니다.

놀라운 점은 이들이 삼성전자 이재용 부회장의 재판 과정에서 "이재용을 석방하라!"라고 소리 높여 외쳤다는 사실입니다.

왜 그랬을까요? 그 집회에 참석한 사람들은 삼성그룹 전직 간부로 수억 원씩 연봉을 받았던 사람들이 아닙니다. 대부분 60~70대 이상의 노인들로, 기득권층과 거리가 먼 이들이었죠. 젊은 시절 전쟁과 가난에 시달렸으며, 나이 들어서는 노인 빈곤율 47.7%의 열악한 사회에 살고 있는 우리 주변의 평범하디평범한 어르신들이었습니다. 그런데 왜 그런 사람들이 우리나라에서 제일 부자인 이재용 부회장을 석방하라고 외치고 나섰던 걸까요?

물론 그들이 진심으로 이재용 부회장이 석방돼야 나라가 잘될 것이라는 합리적인 신념을 갖고 있을 수도 있습니다. 하지만 확률적으로 보면 솔직히 그럴 것 같지는 않습니다. 그 사람들은 과거 서울시청 앞에서 서울시장을 규탄하는 시위를 하면서 "박원순, 네 이년. 당장 나와라!"라고 외친 적이 있습니다. (그런데 박원순 서울시장은 여자가 아니라 남자입니다. "네 이년"이 아니라 "네 이놈"이라고 했어야 하는 거죠.) 이렇게 비상식적인데다 폭력적이기까지 한 말을 쏟아 내며 시위에 나서는 사람들의 정서를 고려할 때, '이재용이 석방돼야 나라 경제가 산다'는 신념에 어떤 합리적인 근거가 있을 것 같지는 않아 보입니다.

카를 마르크스는 자본주의가 고도화될수록 착취와 수탈을 견디다 못한 노동자 계급이 혁명에 나설 것이라 예견했습니다. 하지만 착취와 수탈이 심해지는 것까지는 맞았는데, 자본주의가 고도화될수록 노동자 계급은 온순해졌습니다. 왜 이런 일이 벌어졌을까요? 이 문제와 관련해 놀라울 만한 식견을 제시한 경제학자가 있습니다. 유한계급(有閑階級)이라는 용어를 만들어 내며 자본주의에 대한 격렬한 조롱과 통찰을 보여 준 경제학계의 이단아, 소스타인 베블런이 그 주인공입니다.

놀고먹는 자들의 특권, 낭비

베블런은 19세기 미국 경제체제를 신랄하게 비꼰 『유한계급론』(1899년)을 출간하면서 학계에 큰 충격을 안긴 인물입니다. 지금도 유한계급이라는 개념은 베블런의 트레이드마크처럼 통용되는 경제학 용어죠.

여기서 주의할 점은 '유한'이란 단어가 우리가 일반적으로 사용하는 '무한(無限)'의 반대말이 아니라는 점입니다. 베블런의 유한계급은 한자로 유한(有閑)이라고 적고 영어로는 'leisure class'라고 씁니다. '한(閑)'은 한가하다는 뜻의 한자죠. 즉 유한계급(有閑階級)은 한가한 계급, 한마디로 놀고먹는 계급을 뜻합니다.

베블런은 자본주의뿐 아니라 인류 역사에 기록된 야만적인 지배자들을 모두 유한계급이라고 불렀습니다. 베블런이 보기에 자본주의의 유한계급은 생산에 전혀 종사하지 않으면서 자본이 안겨 주는 자본이득으로 부를 누리는 자들입니다. 부모 잘 만나 놀고먹는 한량들이 널려 있다는 사실은 우리도 익히 알죠. 그런데 베블런은 유한계급의 존재에서 매우 중요한 경제학적 사실을 추출해 냅니다. 바로 이 한량들이 과시적 소비를 한다는 점입니다.

경제학 교과서에 '베블런 효과'로 기록된 이 이론의 요지

는 이렇습니다. 유한계급은 필요에 의해서 소비하지 않습니다. 이들은 자기가 힘든 노동을 하지 않고도 얼마든지 놀고 먹을 정도의 재력을 갖고 있다는 사실을 과시하고 싶어 하죠. 그래서 말도 안 되게 비싼 제품(실용적 가치는 거의 없는)을 기꺼이 사들인 뒤 뽐을 냅니다. 베블런은 이를 '과시적 소비'라고 부릅니다.

여기까지는 이해하기 어렵지 않죠? 그런데 이것이 경제학에서 왜 중요한 문제일까요? 베블런은 이런 과시적 소비 때문에 특정한 사치재의 경우 '가격이 오를수록 오히려 수요가 늘어난다'는 점을 발견했습니다.

예를 들면 명품 핸드백이 그런 경우죠. 이런 제품은 가격이 싸면 오히려 가치가 떨어져 수요가 줄어듭니다. 그래서 명품 브랜드들은 가방 하나에 상상을 초월할 정도의 가격을 매기는 일이 많습니다. 아무리 명품이라도 물건 집어넣는 기능이 전부인 가방 하나에 몇백만 원씩 하는 것은 심하잖아요? 하지만 그렇게 가격을 높여야 더 잘 팔립니다. 왜냐하면 놀고먹는 유한계급은 비싼 가방일수록 더 많이 사들이거든요.

베블런은 바로 이 지점에서 가격이 올라도 수요가 되레 늘어날 수 있다는 사실을 찾아냅니다. 이는 경제학계에서 보면 매우 중요하고 충격적인 발견이었죠. 왜냐하면 당시 세상을 지배했던 주류 경제학의 가장 중요한 전제가 '수요의 법칙'(가격이 오르면 수요가 줄어들고, 가격이 하락하면 수요가 늘어난다)이었거든요.

수요의 법칙이 만고불변의 과학이라고 믿던 경제학자들은 베블런의 주장에 어쩔 줄 몰라 하며 당황했습니다. 게다가 베블런에 따르면 '베블런 효과'는 단지 몇몇 유한계급에서 벌어지는 예외적 일탈이 아니었습니다. 왜냐하면 이들이 세상의 지배자였기 때문에 수많은 사람들이 그들을 따라 했거든요. 결국 수요는 가격에 따라 기계적으로 움직인다고 믿던 주류 경제학의 전제는 베블런의 통찰에 기초부터 흔들리기 시작했습니다.

왜 가난한 사람들이
보수적으로 변할까?

베블런의 날카로운 통찰은 여기서 그치지 않았습니다. 그는 부자들 못지않게 정교한 눈초리로 가난한 사람들도 관찰하기 시작했습니다. 베블런에 따르면 부자들은 당연히 정치적으로 보수파가 됩니다. 베블런은 "유한계급은 생활 습관이건 사고 습관이건, 변화 자체를 싫어한다. 지금이 가장 행복하기 때문이다."라고 지적했습니다. 변화를 싫어하니 당연히 보수적으로 변할 수밖에 없겠죠.

문제는 그다음입니다. 유한계급은 보수가 되는 것이 당연한데 왜 착취를 당하는 빈곤층이 시청 앞에 모여 "이재용 석방!"을 외칠까요? 베블런은 그 이유를 "가난한 사람들 역시 유한계급과 마찬가지로 보수화되기 때문"이라고 지적합니다. 잠시 그의 말을 들어 보죠.

"찢어지게 가난한 사람이나 힘겨운 일상생활에 모든 힘을 빼앗기는 사람은 내일 이후의 일을 생각할 여유가 없다.

그래서 보수적이다. 이것은 유한계급이 오늘의 상황에 불만을 품을 여지가 없기 때문에 보수화하는 것과 마찬가지다."

실제 우리 현실이 그렇죠? 하루 벌어 하루 먹고살아야 하는 사람들에게 진보를 고민할 시간 따위가 주어지기는 하나요? 진보를 위해서는 주변을 돌아보고 현실을 인식해야 합니다. 그리고 대안을 고민해야 하죠. 그런데 먹고살 길이 막막한 사람들은 그런 고민을 할 시간 자체가 없습니다. 그리고 철저히 체제에 순응해야 합니다. 찢어지게 가난할수록 시키는 일에 순응해야 그날 일당이라도 받거든요. 이런 사람들에게 진보에 대한 고민은 사치일 뿐이죠. 세계적으로 선거를 해 보면 보수파를 지지하는 주요 지지층이 빈곤 계급이라는 사실은 베블런의 통찰이 틀리지 않았음을 입증합니다.

안타깝게도 이 문제를 어떻게 해결할 것인가에 대한 베블런의 해답은 분명치 않습니다. 베블런은 유한계급을 격렬히 조롱했지만, 그렇다고 정부가 이 문제를 해결해 줄 거라고 믿지 않았습니다. 노동자계급이 합리적인 판단으로 그들

에게 불리한 체제를 바꿔 나갈 수 있을 것이라는 신뢰도 별반 보이지 않았죠.

하지만 그가 명쾌한 대안을 제시하지 않았다고 해서 그의 업적을 폄하할 이유는 없습니다. 그는 과학을 자처하며 수요의 법칙이 만고불변의 진리라고 주장했던 주류 경제학의 가장 중요한 전제를 뒤흔들었고, 우리 사회에서 왜 빈곤층이 체제에 순응하는지에 대한 중요한 통찰을 제시했기 때문입니다.

소스타인 베블런의 한마디

"과시적 소비는 유한계급이 세속적 명성을 얻는 수
단이다."

이게 무슨 뜻?

부자들이 값비싼 물품을 사는 이유는 그것이 필요해서가 아
니라, "나 정도 되는 부자여야 이런 비싼 제품을 살 수 있다"
는 과시를 위한 것이라는 뜻. 베블런은 돈만 많고 할 일은 없
으며 이런 과시에만 몰두하는 계급을 '놀고먹는 계급'이라는
뜻으로 유한계급이라고 불렀다.

바보야,
문제는
정부의 역할이야!

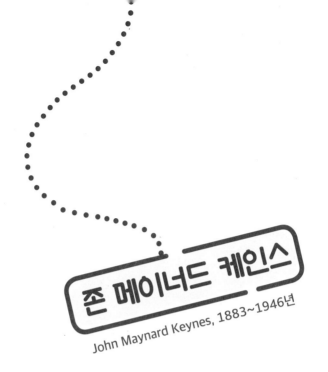

존 메이너드 케인스

John Maynard Keynes, 1883~1946년

영국 잉글랜드 중동부의 케임브리지셔주에서 태어났습니다. 어려서부터 천재성이 번뜩인 총명한 경제학자였죠. 주로 대학 강단에서 활동한 당시 경제학자들과 달리 케인스는 투자회사의 경영자를 맡기도 했고, 영국 재무성에서 고문으로도 활동했으며, 심지어 국제통화기금(IMF) 총재와 영국 상원의원을 지내기도 했습니다. 이런 다양한 현장 경험이 케인스를 '실전에 강한 경제학자'로 발돋움시킨 배경이 됐죠. 특히 정부의 시장 개입을 촉구한 그의 명저 『고용·이자 및 화폐의 일반이론』은 애덤 스미스의 『국부론』과 함께 현대 경제 역사상 가장 중요한 책으로 평가받는답니다.

자본주의의 위기,
대공황

여러분은 '공황'이라는 단어를 들어 보셨나요? 비행기 타는 곳 아니냐고요? 그건 에어포트(airport), 즉 공항(空港)이고요. 제가 말하는 건 공황(恐慌)입니다, 공황! 공황은 경제학 용어입니다. '경제 위기'를 뜻하죠. 그런데 1930년대 미국에서 '대공황'이 시작됐습니다. 그냥 공황도 아니고 무려 '대(大)공황'이요. 도대체 경제가 얼마나 안 좋았던 걸까요?

당시 미국은 세계에서 유통되는 금의 60%를 싹쓸이할 정도로 잘사는 나라였습니다. 하지만 대공황이 시작된 이후인 1932년 미국 노동자의 임금은 3분의 1로 주저앉았고, 실

업자는 5,000만 명을 넘어섰습니다. 국민소득의 70%가 사라졌고, 공산품 생산도 절반으로 뚝 떨어졌지요. 이 시기 전세계 무역 거래량은 대공황 직전에 비해 3분의 1로 감소합니다. 이 대공황은 현대 역사상 경제적으로 가장 처참했던 시기로 기록됩니다.

스미스의 위기,
그리고 구원투수 케인스

이번에 우리가 알아볼 경제학자는 존 메이너드 케인스입니다. 애덤 스미스와 함께 현대 경제 역사에서 가장 위대한 경제학자로 평가받는 인물이지요.

스미스가 자본주의 경제학을 창시한 인물이라면, 케인스는 자본주의 경제학을 구원한 인물입니다. 그래서 케인스에게는 '자본주의의 구원투수'라는 수식어가 늘 따라다니죠.

1930년대 미국의 대공황은 스미스 계보의 경제학자들에게 속칭 '멘붕'을 안겨 줍니다. 왜냐하면 당시 미국은 누구보다도 스미스의 이론을 충실히 반영한 국가였기 때문이죠. 스미스는 "자본주의는 원래 그 누구도 참견하지 말고 가만히 내버려 두면 효율적으로 잘 굴러가는 시스템"이라고 주장했습니다. 특히 그는 정부가 시장경제에 참견하는 것을 극도로 싫어했죠. 스미스는 자본주의에는 '가격'이라는 훌륭한 시스템이 있어서, 정부가 간섭하지 않아도 경제가 잘 굴

러간다고 믿었기 때문입니다.

여기서 잠시 스미스가 강조했던 '가격'의 역할을 알아보겠습니다. 만약 어떤 이유로 자본주의 체제 아래에서 남아도는 물건이 있다고 칩시다. 스미스에 따르면 자본주의에서 이런 비효율은 가격의 눈부신 활약 아래 곧 해결됩니다.

물건이 남았다는 것은 수요에 비해 공급이 넘친다는 뜻이겠군요. 이때 바로 '보이지 않는 손', 즉 가격 조절 시스템이 작동해 물건 가격을 떨어뜨립니다. 물건 파는 사장님 입장에서는 남는 물건을 싸게라도 팔아야 하니 가격을 내리는 거죠.

이렇게 가격이 떨어지면 다시 수요가 늘어나 물건이 잘 팔립니다. 값이 싸면 사려는 사람이 많아지는 건 상식이잖아요? 이처럼 가격이 오르락내리락하면서 자연스럽게 수요와 공급을 일치하게 만듭니다. 스미스에 따르면 가격이 이런 역할을 워낙 잘하는 덕분에 자본주의 시장경제에서는 정부의 간섭 없이도 수요와 공급이 늘 맞게 된다는 겁니다.

대공황의 시작

하지만 대공황은 이런 스미스의 주장을 처참하게 무너뜨립니다. 이 시기, 상점에는 안 팔리는 물건이 산더미처럼 쌓였죠. 공장 사장님과 상점 주인들은 당연히 가격을 내렸습니다. 스미스에 따르면 가격이 떨어졌으니 다시 수요가 늘어나 물건이 잘 팔려야 합니다. 그런데 아무리 가격을 떨어뜨려도 물건이 팔리지 않는다는 게 문제였습니다. 당시 국민들의 호주머니에는 물건 가격이 싸건 비싸건, 그것을 살 돈이 아예 없었기 때문입니다.

1920년대 미국은 기계화를 통해 눈부신 발전을 거듭했습니다. 기계가 등장해 일손을 확 줄여 놓으니 공장 사장님들은 노동자들을 마구 해고했죠. 그러다 보니 노동자들의 주머니는 텅 비게 됩니다. 사정이 이러니 아무리 물건이 싸면 뭐합니까? 물건을 사 줘야 할 노동자의 주머니에 돈이 한 푼도 없는데요.

물건이 안 팔리니 공장이 망하고, 공장이 망하니 노동자들의 일자리는 더 빨리 사라졌습니다. 이 여파로 국민들이 가난해지니 물건이 더 안 팔리고, 공장은 더 빨리 망하는 악순환이 계속됐고요.

구원투수의 해결책과
뉴딜 정책

이때 등장한 케인스는 발상의 전환을 요구합니다. 그는 "가격이 모든 것을 알아서 조절해 주니까 정부는 아무 일도 하지 않아야 한다고? 그건 모두 헛소리야!"라고 외칩니다. 케인스는 국민들의 소득이 압도적으로 낮으면 가격 시스템이 제대로 작동할 수 없다는 사실을 간파했죠. 국민들 주머니에 땡전 한 푼이 없으니, 아무리 가격이 싼들 기본적으로 수요가 생길 리 없다는 것이었습니다.

그래서 케인스는 "정부가 나서서 국민들에게 먼저 돈을 마련해 줘야 정상적인 수요가 생긴다"는 파격적인 주장을 펼칩니다. 그의 혁신적인 생각을 잘 알 수 있는 유명한 글 한

대목을 살펴보죠.

정부가 딱히 할 일이 생각나지 않으면 그냥 빈 병에다 돈을

잔뜩 넣어서 그걸 쓰레기 더미 속에 묻어라. 그리고 사람들

에게 그 쓰레기를 파 보라고 시키는 거지. 사람들은 쓰레기

를 뒤지는 것만으로도 돈을 벌게 되겠지? 그 돈으로 물건을 사기 시작할 거야. 그러면 공장이 제대로 돌아가게 된다고. 정부가 진짜 아무 할 일이 없다면 그냥 이런 짓이라도 해! 그게 아무것도 안 하는 것보다 훨씬 나으니까.

빈 병에 돈을 넣어서 쓰레기 속에 묻는다? 이게 무슨 바보 같은 짓인가요. 하지만 케인스는 정부가 그런 한심한 짓이라도 하는 것이 아무것도 안 하는 것보다 훨씬 더 낫다고 단언합니다. 물론 그는 이왕 정부가 나설 바에는 좀 더 효율적인 일을 하라고 권하죠. 예를 들어 도로를 짓거나, 댐을 만들거나, 철도를 놓거나 하는 등의 일 말입니다. 이런 일들은 일반 기업의 경우 당장 돈이 안 되니까 잘 하지 않습니다. 하지만 일단 누군가가 해 놓으면 나라 전체를 더 효율적으로 움직이는 훌륭한 기능을 하는 것들입니다.

이걸 누가 하나요? 바로 정부가 하라고 케인스는 독촉합니다. 이를 통해 국민들의 주머니를 먼저 채워 주면 최소한의 수요가 형성될 것이므로 경제가 제대로 굴러가게 된다는

논리였죠.

　마침 이런 케인스의 말에 귀를 기울인 미국의 지도자가 등장합니다. 미국 역사상 유일무이한 4선 대통령*인 프랭클린 루스벨트(Franklin D. Roosevelt)가 1933년 미국 제32대 대통령에 당선된 것입니다. 루스벨트는 케인스의 말대로 대공황을 극복하기 위해 정부가 무엇이건 해야 한다고 생각했습니다. 그리고 그 유명한 '뉴딜(New Deal) 정책'을 들고 나오죠.

*　　미국은 이후 1951년 헌법을 고쳐 대통령의 임기를 2기(8년)까지로 제한해, 한 번만 연임할 수 있다.

루스벨트는 댐을 짓고 도로를 건설하는 등의 방식으로 국민들에게 일자리를 제공합니다. 그리고 인류 역사상 처음으로 '최저임금제'와 '사회복지 정책'이라는 것을 도입했죠. 노동자에게 최소한의 급여를 보장해 주고, 실업자에게 보험금을 지급하며, 일할 능력이 없는 노인과 극빈자, 장애자를 돕는 제도를 정부가 나서서 마련했던 것입니다. 이런 정책은 단순히 정부가 가난한 사람들을 돕는 차원의 일이 아니었답니다. 정부가 국민들의 호주머니에 최소한의 돈을 채워 주어야 경제가 제대로 돌아간다는 케인스의 지적을 실행에 옮긴 것이지요.

케인스의 이론이 바탕이 된 뉴딜 정책은 확실히 효과를 발휘합니다. 이 정책 덕에 루스벨트 재임 기간 동안 미국은 길고 길었던 대공황의 그늘에서 벗어났습니다. "정부가 개입해 시장경제를 정상화하라"는 케인스의 주장은 이처럼 대공황의 극복이라는 위대한 성과를 남기면서 세계 경제학의 새로운 주류로 떠오르게 됩니다.

존 메이너드 케인스의 한마디

"만약 극한적인 계급투쟁이 발생한다면 나는 자본가 편에 서겠지만, 가능하면 그런 상황이 오지 않도록 가난한 계급을 먼저 배려하는 것이 필요하다."

이게 무슨 뜻?

정부의 시장 개입을 촉구한 케인스는 출현 당시 학계로부터 "사회주의자가 아닌가?"라는 의심을 받았지만 그는 명백히 자본주의를 지지한 인물이었다. 다만 케인스가 진정으로 원했던 것은, 계급투쟁의 상황이 벌어지지 않도록 자본주의가 보다 세심하게 가난한 계급을 돌보고, 또 그것을 통해 경제 활성화를 이룩하는 것이었다.

'요람에서 무덤까지',
복지국가의 틀을
설계하다

;

윌리엄 베버리지
William Henry Beveridge, 1879~1963년

1879년 영국령 인도 벵골 지역의 랑푸르(Rangpur, 지금은 방글라데시에 속해 있음)에서 태어났습니다. 영국의 명문 옥스퍼드대학교를 졸업했는데 이때까지만 해도 베버리지의 전공은 법학이었답니다. 실제로 그는 모교인 옥스퍼드대학교에서 법학 교수로 일하기도 했죠. 하지만 제1차 세계대전 직후 베버리지는 당시 유럽에서 크게 유행한 진보적 경제학에 매료됐고, 1919년 런던정치경제대학교 학장을 맡으며 본격적인 경제학자의 길을 걷게 됩니다. 제2차 세계대전 때는 보수적인 성향의 처칠 행정부에서 노동부 차관을 지내기도 했죠. 1946년 영국의 사회복지제도를 설계한 공로를 인정받아 남작 칭호를 받았습니다. 베버리지는 1963년 84세의 나이로 자신의 집에서 세상을 떠났는데, 죽기 직전 그가 남긴 말은 "아직도 해야 할 일이 수천 개나 남았는데….."였다고 합니다.

전쟁의 참화 속에 등장한
베스트셀러

제2차 세계대전이 한창이던 1942년 겨울, 영국 런던의 서점 앞에는 수많은 사람들이 끝이 안 보일 정도로 늘어서 있었습니다. 그 줄이 너무 길어, 어떤 곳에서는 2km가 훌쩍 넘을 정도였죠.

1942년 겨울이라면 영국이 전쟁에서 독일에 심각하게 밀리고 있을 때였습니다. 런던 시내에 독일군의 포격이 쏟아진 날도 적지 않았죠. 그런데 이렇게 위험한 시기에 도대체 사람들이 무슨 책을 사려고 그리도 애타게 서점 앞에서 기다렸던 것일까요?

그 책은 바로 『베버리지 보고서』였습니다. 원래 제목은 '사회보험 및 관련 서비스(Social Insurance and Allied Services)'이지만 지금은 '베버리지 보고서'라는 이름으로 더 널리 알려졌죠.

영국 국민들은 영국이 제2차 세계대전에서 독일에 처참하게 밀리는 모습을 보고 점차 희망을 잃어 갔습니다. 영국 국민들의 마음이 상한 이유는 단지 불리한 전황 때문만이 아니었습니다. 가장 심각한 문제는 국민들의 자존심이 무너졌다는 데 있었습니다.

1800년대까지만 해도 영국은 대영제국(British Empire)이라는 말을 들을 정도로 압도적인 세계 최강대국이었습니다. 얼마나 많은 식민지를 거느리고 있었는지 '해가 지지 않는 제국'이라는 별칭까지 얻었죠. 영국의 지배자가 곧 세계의 지배자였습니다.

그랬던 영국이 점차 쇠락해 독일에 전쟁에서도 밀리는 지경이 된 것입니다. 그리고 독일에 맞서는 연합국의 주도권도 신흥 강대국인 미국에 빼앗겨 버렸습니다. 2등 국가로 전락한 영국 국민들의 마음이 얼마나 무너졌을지 충분히 짐작이 가는 대목이죠.

그 당시 영국의 지도자였던 윈스턴 처칠(Winston Churchill)은 이런 영국 국민들에게 뭔가 희망의 메시지를 던져 주고 싶었습니다. 처칠이 설계한 희망의 메시지는 바로 복지국가였습니다.

미국이 프랭클린 루스벨트 집권 이후 강력한 복지국가를

건설하면서 세계 최강대국으로 떠오른 것에 착안한 셈입니다. 하지만 보수당 출신으로 복지에 대해 별다른 식견이 없었던 처칠은 노동당 소속의 경제학자 윌리엄 베버리지에게 도움을 청합니다. 베버리지는 처칠의 구조 요청을 받아들여 노동부 차관으로 임명된 뒤 복지국가 영국의 100년 미래를 내다보는 거대한 계획을 세우기 시작합니다.

정권이 바뀌어도, 총리가 바뀌어도 결코 변하지 않을 영국의 뼈대를 한 권의 책에 다 담고자 했습니다. 그 책이 바로 현대 자본주의 역사상 가장 위대한 '복지의 바이블'로 불리는 『베버리지 보고서』였습니다.

'5대 악'을 타파하고
'영광의 30년'을 열다

베버리지는 이 보고서에서 국가의 진보를 위해 반드시 사라져야 할 5대 악(惡)을 규정했습니다. 5대 악이란 바로 '가난, 질병, 무지, 불결, 나태'였습니다. 그렇다면 역사의 진

보를 위해 이 5대 악을 없애야겠군요.

가난을 없애려면 빈곤층에 대한 복지가 시작돼야 합니다. 질병과 불결을 없애려면 국가적인 보건 의료 체계가 확보돼야 하죠. 무지와 나태를 없애기 위해서는 완벽한 공공 교육 시스템이 마련돼야 합니다.

그래서 이 보고서는 국가가 국민들에게 완벽한 의료 및 교육을 제공하고, 모든 국민이 어떤 경우에도 빈곤의 나락에 떨어지지 않도록 강력한 복지 시스템을 설계합니다. 무상 의료나 가족수당 등 우리가 생각할 수 있는 대부분의 복지 시스템이 보고서에 담겼죠. 보고서를 본 처칠은 국가가 너무 많은 일을 해야 한다는 부담감에 실행을 주저했지만, 결국 우여곡절 끝에 보고서가 영국 정부의 중심 과제로 채택됩니다. 그리고 보고서를 바탕으로 강력한 복지 정책을 실시한 덕에 영국은 '요람에서 무덤까지', 즉 태어나서 죽을 때까지 국가가 국민의 삶을 보호한다는 복지국가의 원조 자리에 오르게 됩니다.

『베버리지 보고서』 이후 유럽에서는 영국의 복지 정책을 베끼는 것이 하나의 유행이 됐습니다. 전쟁의 참상을 딛고 유럽은 풍요로운 곳으로 재건됐습니다. 강력한 복지 정책을 바탕으로 유럽은 1970년대 석유파동이 일어나기 전까지 '영광의 30년'이라는 엄청난 경제 호황을 누리게 되죠.

다만 이런 영국의 복지 정책은 뒤에서 배울 경제학자 프리드리히 하이에크의 등장과 신자유주의의 출발로 대부분 깨지게 돼요. 특히 '철의 여인'으로 불리는 마거릿 대처(Margaret H. Thatcher)가 총리가 된 이후 영국의 복지 정책은 박살이 나다시피 합니다.

하지만 아직도 『베버리지 보고서』의 원본대로 영국이 고수하는 복지 정책이 하나 있습니다. 바로 'NHS(National Health Service)'라고 불리는 영국 특유의 의료보험 시스템입니다. 이 제도에 대한 영국 국민들의 자부심이 너무 강해서 대처 같은 강성 반(反)복지주의자도 감히 건드리지 못했죠.

NHS는 모든 영국 국민들이 무료로 병원에서 치료를 받을 수 있도록 설계된 의료보험 시스템입니다. 국민들의 치료비는 모두 국가에서 제공합니다. 특이한 점은 영국의 의

사들 또한 모두 국가에서 월급을 받는다는 점에 있습니다. 영국 의사들은 우리나라와 달리 공무원 비슷한 신분으로 활동합니다.

모든 국민을 질병으로부터 구하겠다는 베버리지의 신념이 아직도 영국에 남아 도도하게 흐르고 있는 셈이죠. 현재 영국 말고도 북유럽의 복지국가들은 대부분 영국의 NHS와 같은 의료보험 시스템을 유지하고 있습니다.

'진심을 담은 복지'라는 과제

여기서 한 가지 생각해 봐야 할 점이 있습니다. 『베버리지 보고서』가 너무 훌륭했던 덕에 수많은 나라들이 베버리지의 사상을 적용해 복지국가를 만들려는 시도를 했죠. 하지만 훌륭한 제도만 있으면 가난과 질병이 없는 나라, 무지와 불결이 사라지는 복지의 천국이 될 수 있을까요?

2016년 세계 3대 영화제인 칸 영화제에서 대상(황금종려상)을 받은 영화 〈나, 다니엘 블레이크(I, Daniel Blake)〉(2016, 감

독 켄 로치)에는 이런 장면이 나옵니다. 영화의 주인공인 다니엘 블레이크는 나이 예순을 넘긴 은퇴한 영국 노동자였습니다. 다니엘은 심장병에 걸려 건강이 매우 위험한 상태였어요. 더 이상 노동을 할 수 없는 처지였기에 다니엘이 살아갈 수 있는 유일한 방법은 국가가 주는 정부 보조금을 받는 것이었습니다. 병자에게 보조금을 줘서 생계를 유지토록 하는 것은 가난과 질병을 없애고자 했던 베버리지의 꿈이기도 했죠.

그런데 다니엘은 보조금을 받는 데에 큰 어려움을 겪습니다. 영국 국민들은 병에 걸리면 일단 자신이 노동을 하기 힘든 환자라는 사실을 입증하기 위해 국가가 지정해 주는 건강 전문가와 상담을 받아야 합니다.

영화에서 건강 전문가는 다니엘에게 "혼자서 모자를 쓸 수 있어요?", "50미터를 자력으로 걸을 수 있나요?", "전화번호를 누를 수 있어요?" 등등의 질문을 합니다. 그렇게 질문하라고 교본에 적혀 있으니까요.

하지만 다니엘은 답답해 미칠 지경입니다. 자신이 아픈

곳은 보이지 않는 심장인데, 이 공무원은 자꾸 보이는 곳이 잘 움직이는지만 물어봤기 때문입니다. 건강 전문가는 다니엘이 어디가 진짜 아픈지 관심이 없었던 것입니다. 공무원으로서 자기 일만 빨리 규정대로 끝마치고 싶었을 따름이죠. 결국 다니엘은 '건강한 사람'으로 분류되어 질병 수당을 받지 못합니다.

다니엘이 이에 항의하기 위해 또 다른 관청을 찾았더니

그곳 공무원은 "인터넷을 이용해 항의 절차를 진행하세요."라고 안내를 해 줍니다. 하지만 나이 60을 넘긴 다니엘은 인터넷 사용법을 모릅니다. 그래서 전화로 항의 절차를 밟으려고 했더니 이 절차마저 한 시간 넘게 걸립니다.

마침내 다니엘은 깨닫게 됩니다. 영국의 복지제도가 진정으로 자신을 돌보려는 마음을 갖고 있지 않다는 사실을요. 국가가 자신을 사랑하지 않는다는 사실을 확인한 다니엘은 국가가 제공하는 모든 복지를 거부하게 됩니다.

모든 국민을 가난과 질병, 무지와 불결에서 구제하겠다는 베버리지의 사상은 실로 훌륭한 것이었습니다. 하지만 제도만으로는 복지국가가 완성되지 않는다는 사실이 영국에서 만들어진 영화 〈나, 다니엘 블레이크〉에서 잘 드러납니다.

복지국가는 당연히 좋은 복지제도에서 출발합니다. 하지만 제도만으로는 충분하지 않습니다. 진정한 복지국가는 국민을 진심으로 존중하고 사랑하는 것으로부터 출발해야 합니다. 진심이 없다면 아무리 『베버리지 보고서』를 바탕으로 한 훌륭한 제도가 마련돼도 소용이 없습니다. 베버리지의 이상이 실현되기 위해서는 좋은 제도와 함께 '진심을 담은 복지'가 필요한 이유가 여기에 있습니다.

☆ 윌리엄 베버리지의 한마디

"평화 시기든 전쟁 시기든 정부의 목표는 지배자나 민족의 영광이 아니라 보통 사람의 행복이어야 한다."

이게 무슨 뜻?

어떤 상황에서도 국가는 국민의 생존과 적정한 수준의 삶을 보장하는 데 최선을 다해야 한다는 뜻으로, 베버리지의 복지에 대한 철학이 잘 드러난다.

정부의 시장 개입은 한마디로 미친 짓이다

;

밀턴 프리드먼
Milton Friedman, 1912~2006년

미국 뉴욕의 브루클린에서 가난한 이민자 2세로 태어났습니다. 가정 형편이 어려웠지만 총명한 프리드먼은 장학금도 받고 스스로 식당 등에서 일하며 대학을 마쳤습니다. 제2차 세계대전 이후 시카고대학교에서 경제학을 가르친 인연으로, 프리드먼을 지지하는 학자들에게 '시카고학파'라는 이름이 붙었죠. 프리드먼은 정부의 시장 개입을 옹호하는 케인스의 학문과 평생 대립하며 자신만의 경제학 이론을 발전시켰습니다. 그리고 지금까지도 케인스가 옳은가, 프리드먼이 옳은가에 대해 경제학적으로 결론이 나지 않았죠. 이 때문에 시카고학파는 지금도 케인스학파와 격렬하게 대립하며 세계 경제학계의 '양대 학파'로 불리고 있답니다.

돈이 바꿔 놓은 세상

때는 원시시대. 사냥을 주로 하던 부족 A와 고기잡이를 주로 하던 부족 B가 있었습니다. 이 두 부족은 서로의 먹을 것을 교환합니다. 돼지 뒷다리 하나에 꽁치 두 마리, 이런 식으로요. 이와 같은 거래 방식을 물물교환이라고 합니다. 그런데 물물교환은 아무래도 불편하죠. 생선 몇 마리 사려고 무거운 돼지 뒷다리를 지고 끙끙대며 가야 할 테니까요.

그래서 사람들은 새로운 아이디어를 냅니다. 바로 '돈'을 만든 것입니다. 사람들은 금이나 은으로 돈을 만들고 그 돈만 내면 자유롭게 물건을 사고팔 수 있게 했습니다. 이제 더 이상 생선을 사기 위해 무거운 돼지 뒷다리를 옮길 필요가

없어졌습니다. 원래 돈은 이처럼 거래를 편하게 하기 위해
생긴 수단이었습니다.

그런데 돈, 즉 화폐가 생긴 이후 새로운 변화가 나타납니
다. 화폐가 없던 시절의 사람들은 욕심이 별로 없었습니다.
돼지고기나 생선은 저축을 하기가 어렵죠. 부자가 되겠다고
열심히 고기를 모아 봐야 곧 상하니까요. 그래서 원시시대
사람들은 꼭 필요한 만큼만 먹을 것을 잡아 그때그때 먹거

나 바꿔 썼습니다.

하지만 화폐가 생긴 이후 이야기가 달라집니다. 화폐는 고기나 생선과는 달리, 모아 두면 두고두고 쓸 수가 있어요. 사람들은 "아, 돈을 모으면 편하게 살겠구나!"라는 사실을 깨닫습니다. 그러면서 인류는 더 많은 화폐를 모으기 위해 욕심을 부리고, 이후 그 욕심은 서로를 죽고 죽이는 전쟁으로까지 번지죠. 처음에는 단순히 교환을 편하게 하기 위해 만들어졌던 화폐가 급기야 인간 세상을 뿌리부터 바꾼 것입니다.

경제를 움직이는 주인은
누구일까

이번에 우리가 배울 경제학자는 1900년대 중반 이후 세계 경제학계에 막강한 영향력을 끼친 밀턴 프리드먼입니다. 프리드먼이 등장하기 전까지 경제학계는 존 메이너드 케인스의 세상이었습니다.

　　케인스는 시장경제를 제대로 운영하기 위해 정부의 강
력한 개입이 필요하다고 주장했습니다. 즉 경제를 자동차에
비유한다면, 그 운전대는 정부가 잡아야 한다는 것이었죠.
이에 반해 프리드먼은 "정부의 시장 개입은 한마디로 미친
짓이다."라고 주장했습니다. 프리드먼은 정부 대신 경제를
주도할 새 운전자를 추천합니다. 그런데 놀랍게도 이 막중
한 임무를 수행할 주인공은 사람이 아니라 '화폐'였습니다.

통화량(通貨量), 즉 나라 안에서 실제로 유통되는 '화폐의 양'이야말로 경제를 운전할 진정한 주인이라는 것이죠. 경제 상황에 맞게 통화량이 일정하게 잘 늘어나기만 하면 그 어떤 다른 운전자도 필요하지 않다는 것이 프리드먼의 이론이었습니다.

앞에서 우리는 화폐의 등장이 인류의 삶을 뿌리부터 바꾼 것을 보았어요. 그런데 그 화폐가 프리드먼 시대에 이르러 바야흐로 경제 전반을 이끌 대장의 위치로 승격한 것입니다.

공짜 점심은 없다

사실 '경제 위기'란 대부분 생산된 물건이 안 팔리는 데에서 시작합니다. 물건이 안 팔리니 기업이 돈을 못 벌고, 번 돈이 없으니 기업은 노동자를 해고하거나 임금을 깎습니다. 노동자는 주머니가 가벼워지니 물건을 더 못 사고, 그러니 다시 물건이 더 안 팔리는 악순환이 이어지죠.

케인스는 이 악순환의 고리를 끊기 위해 정부가 나서서 고속도로나 철도를 짓는 등 공공사업을 벌여 일자리를 늘려야 한다고 주장합니다. 이런 방식으로 정부가 가난한 노동자들에게 최소한의 돈을 쥐여 주면 경제 위기가 해결된다는 것이죠.

하지만 프리드먼은 "세상에 공짜 점심은 없다."라는 명언으로 이 논리를 반박합니다. 정부가 뭔가 사업을 하려면 돈이 필요합니다. 그 돈은 어디서 나올까요? 바로 세금입니다. 여유가 있는 부자들의 주머니에서 세금을 걷는 거죠.

프리드먼에 따르면 이런 식으로 세금을 걷으면 두 가지 문제가 생깁니다. 우선 세금을 내는 사람들이 반발합니다. 정당하게 일해서 돈을 벌었는데, 정부가 세금으로 이를 왕창 가져가니 "이럴 바에는 뭐하러 일을 열심히 하나?"라는 회의를 갖게 된다는 겁니다. 국민들이 열심히 일할 동기를 잃는 것이지요.

둘째로 경제 위기를 극복하는 데도 별 도움이 되지 않습니다. 경기를 살아나게 하려면 물건이 많이 팔려야 한다고 했지요? 그런데 세금을 많이 걷으면 결국 누군가의 주머니가 또다시 얄팍해지기 때문에, 국가 전체로 보면 생산된 물건이 딱히 더 많이 팔리지도 않는다는 겁니다.

그렇다면 프리드먼의 해법은 무엇일까요? 바로 통화량입니다. 물가 상승이 발생하지 않을 만큼의 적정 수준에서 돈을 더 찍어 널리 뿌리면 된다는 겁니다. 왜 돈을 더 찍느냐고요? 장기적으로 봤을 때 경제가 발전하면서 생산되는 물건이 늘어나고 있기 때문입니다. 물건이 많아지는데 통화량이 그대로이면, 물건을 살 돈이 부족해지고 경기 침체가 시작될 수 있습니다. 그래서 프리드먼은 1930년대 대공황의 원인도 '물건은 늘어났는데 통화량이 부족해서 생긴 현상'이라고 간단하게 규정합니다.

통화량을 늘리면 어떻게 될까요? 전체적으로 국민들이 갖는 돈이 많아지겠죠? 돈이 생기니 자연히 주머니를 열어 물건을 살 것이고, 물건이 안 팔리는 현상도 없어질 것입니다. 그러다 보면 자연스럽게 경기도 살아날 것이고요. 그렇다면 정부가 할 일은 딱 하나뿐입니다. 생산되는 물건의 증가 속도에 맞게 통화량을 적절히 조절하는 것. 프리드먼은 이것 외에 케인스가 주장한 도로나 철도를 짓는 등의 정부의 역할은 전혀 중요하지 않다고 주장했습니다.

복지에 대한 뜨거운 논쟁

요즘 초등학교와 중학교에서는 급식이 대부분 무상으로 제공되고 있죠. 또 우리나라에서는 감기에 걸려도 치료비가 몇천 원밖에 들지 않습니다. 급식비를 정부가 전액 대 주고, 치료비 중 상당액을 정부가 보조해 주기 때문입니다. 이렇게 정부가 나서서 국민들이 먹고, 병을 치료하고, 기본적인 삶을 누릴 수 있도록 돕는 시스템을 복지 정책이라고 부릅니다. 하지만 프리드먼은 이런 복지 정책을 극도로 싫어했습니다. 왜냐고요? 복지를 하려면 정부가 돈을 대야 하는데, 그 돈은 세금에서 나오기 때문이죠.

1980년대 이후 많은 나라들이 프리드먼의 주장을 받아들여 복지 정책을 대거 축소했습니다. 그리고 정부는 그저

통화량이 일정하게 늘어나는지만 잘 관찰했죠. 대표적인 나라가 미국입니다. 실례로 개인적으로 보험에 가입하지 않은 미국 국민들은 감기 진찰 한 번에 10만 원 이상의 돈을 치료비로 물어야 합니다. 2013년, 탤런트 안재욱 씨가 미국 방문 기간 중 갑자기 쓰러져 현지 병원에서 뇌 수술을 받았는데, 병원비가 무려 5억 원이나 청구돼 한동안 화제가 되기도 했죠. 이는 한국의 100배 수준으로, 미국 정부의 취약한 의료 복지의 사례로 회자되었습니다.

그렇다면 과연 무엇이 정답일까요? 케인스의 주장처럼 정부가 운전대를 잡고 복지 정책을 주도해야 할까요? 아니면 프리드먼의 주장처럼 모든 것을 통화량에 맡기고 정부는 손을 놓아야 할까요?

정답은 모릅니다. 이 논쟁은 학계에서조차 아직도 결론을 내지 못한 어려운 문제입니다. 하지만 '정부의 운전'만을 맹신했던 20세기 중반, 다시금 시장 스스로의 자정 능력을 환기시킨 프리드먼의 학문적 업적은 결코 작지 않습니다. 왜냐하면 "정부는 절대 현명한 운전자가 될 수 없다"는 프리드먼의 주장이 100% 옳지 않을지는 몰라도, 때때로 정부가 그릇된 시각으로 경제에 개입해 경제 혼란을 가중시키는 일이 세계 역사에서 종종 있어 왔으니까요.

밀턴 프리드먼의 한마디

"사하라사막의 관리를 정부에 맡겨 보라. 아마도 5년 안에 모래가 바닥날 것이다."

이게 무슨 뜻?

정부는 시장경제에 어떤 형태로 개입을 해도 좋은 결과를 낳지 못한다. 심지어 가만히 내버려 두면 결코 사라지지 않을 사하라사막의 모래조차, 정부에 관리를 맡기면 모래를 바닥낼 정도로 정부는 유능하지 못하다.

세상을 바꾸는 힘, 기업가의 혁신

조지프 슘페터

Joseph Schumpeter, 1883~1950년

오스트리아-헝가리제국의 지방 도시 트리시에서 태어났습니다. 25세의 젊은 나이에 『이론경제학의 성격과 본질』이라는 책을 저술하며 천재 경제학자로서 두각을 나타냈죠. 36세에 신생 오스트리아공화국의 재무 장관 자리에 올랐지만, 슘페터는 위기에 빠진 오스트리아 경제를 구하는 데 실패합니다. 이때부터 그에게는 "이론은 뛰어나지만 현실 경제를 운영할 능력이 부족하다."라는 평가가 따라다녔습니다. 하지만 이후 그는 '혁신적 기업가'의 역할에 눈을 떴고, '창조적 혁신'을 바탕으로 한 독특한 경제 이론을 구축합니다. '경영학의 아버지'로 불리는 피터 드러커(Peter F. Drucker)는 '많은 경제학자 중 오직 슘페터만이 기업가의 역할에 주목했다'면서 그를 높이 평가했답니다.

'현대'를 발명한 노인

1920년대 미국에서 한 할아버지와 존 다링거라는 소년
이 대화를 나눕니다. 할아버지의 고리타분한 잔소리가 이어
지자, 소년은 참지 못하고 대듭니다.

"할아버지, 제발 구닥다리처럼 행동하지 마세요. 지금은
'현대'라고요."

그러자 할아버지는 단호한 표정으로 이렇게 답하죠.

"지금이 '현대'라고? 얘야, 그 '현대'를 발명한 사람이 바
로 나란다."

오호! 자부심이 대단한 할아버지로군요. 도대체 이 할아
버지가 누구이기에 스스로 '현대'를 발명했다고 말했을까

요? 이 노인이 바로 '자동차왕'이라고 불렸던 미국의 기업인

헨리 포드(Henry Ford)입니다.

　포드는 미국 포드자동차(Ford Motor Company)의 창업자이

면서 역사상 처음으로 자동차 생산과정에 컨베이어 벨트를

도입한 인물입니다. 컨베이어 벨트란 공장에서 사용되는 물

건을 옮기는 일종의 고무벨트입니다. 포드는 이 벨트를 모

든 공장에 설치하고, 자동차 부품들이 그 벨트 위에서 단계

별로 옮겨지도록 만듭니다. 노동자들은 벨트 앞에 서서 자신이 맡은 조립 작업만을 반복적으로 수행하면 되었죠.

이 방식을 도입한 이후, 포드자동차의 생산성은 6배 이상 높아집니다. 남들이 자동차 1대를 만들 때 포드사(社)는 6대를 생산한 것입니다. 포드가 도입한 조립라인의 혁신은 전 세계적으로 커다란 변화를 가져옵니다. 컨베이어 벨트의 등장으로 자동차 같은 기계제품이 대량으로 생산되기 시작한 것입니다. 자동차는커녕 말 한 마리 갖는 것도 쉽지 않던 시대가 끝나고 각 가정마다 자동차를 소유하는 '마이카(my car)'의 시대가 열렸지요. 이렇듯 각종 기계제품이 쏟아지면서 사람들은 예전과는 비교할 수 없을 정도로 풍요로운 '현대의 삶'을 누리게 됐습니다.

창조적 파괴와 혁신

이번에 소개할 경제학자는 '경제학의 혁신주의자'로 평가받는 조지프 슘페터입니다. 그러고 보면 슘페터가 태어난

1883년은 인류가 두 명의 위대한 경제학자를 동시에 배출한 뜻깊은 해이기도 하군요. 바로 이 해에 천재 경제학자 존 메이너드 케인스가 함께 태어났으니까요.

슘페터와 케인스는 평생을 라이벌로 살았습니다. 그리고 1980년대까지 대부분의 학자들은 케인스가 학문적으로 슘페터를 압도했다고 생각했죠. 케인스는 경기가 안 좋을 때 정부가 어떤 처방을 내려야 하는지를 구체적으로 제시했고, 그 방안이 현실에서 적중했으니까요.

하지만 1990년대 들어 분위기가 바뀝니다. 사실 불황을 이기기 위해 정부가 정책을 내놓는 것은 단기적 조치일 뿐, 근본적 해결책은 아닙니다. 감기 환자에게 감기약을 먹이면 증상은 완화돼도 근본적인 치료는 안 되는 것과 같은 이치죠. 원래 감기를 근본적으로 치료하려면 약을 먹일 게 아니라 환자의 몸을 건강하게 만들어야 합니다.

슘페터의 시선은 바로 이 '근본적인 치료'를 향합니다. 그는 경기가 안 좋을 때 어떤 처방을 내리느냐는 부분적 문제보다, 어떻게 하면 자본주의 시장경제의 체질을 더 건강하게 만들 수 있느냐에 초점을 맞췄죠. 그리고 이런 결론을 내립니다.

"기업가에게 창조적인 파괴와 창조적인 혁신을 장려하라. 경제는 기업가의 주도 아래 낡은 기존의 것을 파괴하고 혁신적인 창조를 이끌어 냄으로써 비약적으로 발전한다."

기업인의 창조성에 눈을 뜨다

슘페터의 사고는 철저히 '창조성'에 기반을 둡니다. 자본주의 시장경제는 창조성을 바탕으로 성장한다는 것이죠. 그리고 그는 이 창조성을 발휘할 계층으로 자본가계급, 즉 기업을 소유하고 경영하는 기업가들을 꼽습니다.

사실 슘페터가 이런 주장을 하기 전까지만 해도 기존 경제학계에서는 자본가들을 '노동자를 착취하는 못된 계급'으로 치부하기 일쑤였습니다. 하지만 슘페터는 이들이야말로 시장경제에서 능동적이고 창의적인 혁신을 이끌어 낼 새로운 주체라고 규정하죠.

현대의 역사를 살펴보면 그의 말이 얼마나 일리가 있는지 금방 확인이 됩니다. '현대사회'를 연 것은 위대한 정치인도, 위대한 경제학자도 아닌 자동차왕 헨리 포드였습니다. 또 1990년대 세계경제가 침체에 빠졌을 때 이를 구원한 것 역시 '윈도'라는 컴퓨터 운영체제를 출시해, 피시(PC)의 대중화를 이끈 마이크로소프트의 창업자 빌 게이츠(Bill Gates)였죠. 2000년대 중후반, 세계경제를 다시 한 번 비약적으로 발전시킨 주인공 역시 아이폰 개발로 스마트폰 시대의 서막을 연 애플의 스티브 잡스(Steve Jobs)였습니다.

그런데 여기서 궁금한 것이 한 가지 생깁니다. 노동자도 있고, 정부에서 경제를 담당하는 관료도 있을 텐데 왜 기업가만이 이런 창조적 혁신을 할 수 있느냐는 것이죠. 슘페터의 대답은 이렇습니다. 창조적으로 무언가를 만들어 내기 위해서는 기존의 낡은 틀을 모두 부숴 버려야 합니다. 슘페터는 이것을 '창조적 파괴'라고 불렀습니다. 이 창조적 파괴는 그냥 막무가내로 뭔가를 부수는 것이 아니라, 완전히 새

롭고 혁신적인 제품을 만들기 위해 기존의 틀을 벗어던지는 용감한 행동이어야 합니다.

그런데 노동자나 정부는 이런 일을 하기 힘듭니다. 우선 노동자는 근본적으로 자신과 가족의 생계를 꾸려야 하는 사람입니다. 당장 먹고살기 바쁜데 감히 무엇을 부수고, 그 위에 완전히 새로운 것을 창조할 용기를 낼 수가 없겠죠. 그 일을 실패하면 굶어 죽을 수도 있으니까요.

정부요? 사실 정부를 이끄는 정치인들의 가장 큰 관심사는 다음 선거에서 다시 당선되는 것입니다. 따라서 정치인들은 근본적으로 모험을 싫어합니다. 모험을 했다가 실패하면 다음 선거에서 안정적인 지지율을 유지할 가능성이 낮아지니까요.

하지만 슘페터는 기업인은 다르다고 확신했습니다. 첫째로 기업인은 회사를 더 키우려는 야심을 가지고 있는 자들입니다. 그래서 안정보다는 도전을 좋아하죠. 둘째, 기업인은 실패를 해도 스스로 책임지면 되기 때문에 실패를 크게 두려워하지 않습니다. 정책에서 실패하면 다음 선거에서 불리해지는 정치인들과는 완전히 다른 입장이라는 겁니다.

사실 슘페터의 이 같은 주장에 비판도 적지 않습니다. 슘페터의 경제사상은 본질적으로 "한 명의 똑똑한 기업인이 10만 명을 먹여 살린다"는 엘리트주의를 옹호하게 됩니다. 이런 생각이 확산되면 세상은 엘리트 기업인만 잘 돌보는데 신경을 쓰고, 가난하고 힘없는 노동자들을 배려하는 데 소홀할 가능성이 높습니다.

또 겉보기에는 인류의 역사가 몇몇 엘리트들의 혁신적 아이디어로 발전한 것처럼 보일 수 있어요. 하지만 그 뒤에 감춰진 수십, 수백만 평범한 노동자들의 헌신적 노력을 모조리 무시해서는 안 됩니다. 그 긴 컨베이어 벨트에서 묵묵히 하루 14시간씩 땀 흘리며 제품을 조립한 노동자들의 헌신이 없었다면, 포드의 경영 혁신이 성공했을 리는 없으니까요.

하지만 이런 반론의 옳고 그름을 떠나, 복잡한 경제 이론이 아니라 기업의 혁신 자체에 주목했던 슘페터의 혜안은 충분히 높게 평가받을 만합니다. 사실 수많은 그래프와 숫자가 동원되는 경제학 이론은 그야말로 '이론'일 뿐입니다. 반면에 실제 경제는 물건을 만들고 이를 소비자에게 전달하는 현실 세계에서 이뤄지는 것이죠. 그리고 혁신과 창조를 통해 끊임없이 좋은 제품을 만들어 낸 과정이야말로, 실질적으로 경제를 발전시키는 힘이 되었다는 사실은 결코 부인할 수 없는 일이기도 합니다.

조지프 슘페터의 한마디

"혁신의 주체인 기업인은 자신의 제국을 건설하려는 의지와 열망에 불타는 모험가이다."

이게 무슨 뜻?

세계를 지배하는 정치적 제국(帝國)은 더 이상 나오기 어렵지만, 우수한 제품을 바탕으로 세계를 지배하는 경제적 제국은 건설이 가능하다. 인간은 제국을 지배하는 지배자가 되고픈 욕구를 가지고 있으며, 현대사회에서 이를 실현할 수 있는 유일한 계층이 바로 기업가이다.

부(富)와 더불어 빈곤도 확대재생산된다

,

군나르 뮈르달

Karl Gunnar Myrdal, 1898~1987년

스웨덴 구스타프에서 태어났습니다. 원래는 대학에서 법학을 공부
했지만 1927년 경제학 박사 학위를 받은 뒤 본격적인 경제학자의
길을 걷게 됐죠. 1934년 스웨덴 상원의원으로 당선돼 현실 정치
에 입문했고, 상공부 장관과 전후계획위원회(Postwar Planning
Commission) 위원장 등을 역임하며 스웨덴 복지국가의 모델을
설계했습니다. 1938년부터 4년에 걸쳐 미국 흑인문제를 연구해
출간한 『미국의 딜레마(An American Dilemma)』가 큰 반향을 일
으키며 이름을 전 세계에 알렸습니다. 특히 빈곤 국가의 경제에 관
심을 기울였으며, 문제 해결을 위해 기존의 주류 경제학을 배격하
고 새로운 경제 발전 이론을 받아들여야 한다고 주장한 인물이기
도 합니다.

악마적 거장과 함께
노벨 경제학상을 수상한
'스웨덴의 보석'

1974년 노벨 경제학상 수상자가 발표됐을 때 많은 사람들이 놀랐습니다. 공동 수상자로 결정된 두 학자의 성향이 너무 달랐기 때문입니다. 한 명의 수상자는 이번 장의 주인공 군나르 뮈르달입니다. 뮈르달은 빈곤 문제를 집요하게 연구한 대표적 진보 경제학자로 꼽히는 인물이죠.

그런데 뮈르달과 함께 상을 받은 사람이 프리드리히 하이에크(Friedrich A. von Hayek)였습니다. 다음 장에서 소개되겠지만 하이에크는 우파 경제학자의 거두로 '악마적 거장'이라

하이에크

뮈르달

는 별칭을 갖고 있는 인물입니다. 불평등과 빈부 격차 해소에 집중한 대표적 진보 경제학자와 시장경제를 옹호하고 기업 위주의 경제정책을 설계한 대표적 보수 경제학자가 동시에 상을 수상한 셈입니다.

사실 많은 사람들이 뮈르달과 하이에크의 공동 수상 사실을 전하면 "하이에크는 들어 봐서 알겠는데 뮈르달이라는 '듣보잡'은 누구야?"라는 반응을 보입니다. 하지만 그건 지금

이야기일 뿐이죠. 신자유주의가 득세한 이후 하이에크가 유명해져서 그렇지, 1974년만 해도 뮈르달은 하이에크보다 훨씬 유명한 경제학자였습니다. 오히려 당시만 해도 하이에크가 무명에 가까운 학자였죠.

지금에야 하이에크가 유명하지만, 사실 하이에크는 노벨상을 받은 뒤 인기가 폭발적으로 늘어난 케이스입니다. 그의 전기를 쓴 기자도 "하이에크가 노벨상을 받지 못했다면 현재 그의 명성이 어느 정도일지 알 수 없다"고 쓸 정도였으니까요.

차별과 빈곤의
본질을 파헤치다

뮈르달이 학자로서 명성을 떨치게 된 것은 미국의 흑인 문제를 연구한 『미국의 딜레마(An American Dilemma)』(1944년)를 출간하면서부터였습니다. 그는 이 책에서 미국 흑인들의 빈곤이 왜 끝없이 구조적으로 재생산되는지에 대한 놀라운 통찰력을 보여 줬죠.

뮈르달이 제기한 핵심 개념은 '누적적 인과관계'라는 것입니다. 말이 좀 어려운 것 같은데, 사실 이해를 하고 보면 매우 일리가 있는 이야기입니다. 많은 사람들이 자본주의가 고도화되면서 부(富)는 확대재생산되고, 가난은 대물림된다고 여깁니다. 문제는 이런 시각에 미묘한 (하지만 중요한) 오류가 있다는 점입니다.

사람들은 부가 축적되는 것을 넘어 확대재생산된다는 사실을 대부분 압니다. 부자의 재산은 그냥 가만히 있는 것이 아니라 시간이 지날수록, 혹은 부가 대물림될수록 그 크기가 훨씬 커진다는 이야기입니다. 그런데 의외로 많은 사람들이 "가난은 그냥 대물림되는 것 아닌가?" 하고 착각을 합니다. 아버지의 가난 강도가 10이라면 자식도 10 정도의 가난을 물려받는다고 생각하는 거죠. 그래서 사람들은 이렇게 말합니다. "자본주의 사회에서는 아무리 열심히 일해도 가난을 벗어날 수 없어!"라고 말이죠.

하지만 뮈르달은 자본주의의 현실이 우리의 상상보다 훨

씬 더 처참하다는 것을 통렬하게 지적합니다. 사람들의 생각과 달리 가난은 단순히 대물림되기만 하지 않는다는 거죠. 가난은 부와 마찬가지로 시간이 지날수록, 혹은 후손으로 대물림될수록 더 커집니다. 부모의 가난이 10이라면 자식의 가난 강도는 50쯤 되고, 손주의 가난 강도는 100으로 불어나는 식이죠. 자본이 눈덩이처럼 부를 확대재생산하는 것처럼, 빈곤도 시간이 지날수록 눈덩이처럼 커진다는 이야기입니다.

뮈르달은 이런 현상을 '누적적 인과관계의 결과'라고 설명합니다. 그는 『미국의 딜레마』에서 흑인들의 빈곤을 이렇게 설명합니다.

흑인들은 소수다. → 소수라는 이유로 차별을 받는다. → 차별을 받기 때문에 소득이 줄어들어 가난에 빠진다. → 가난하다 보니 건강과 교육에 투자를 못 한다. → 교육 수준이 낮아져 더 가난해진다. → 과거에는 흑인이라고 차별받았는데 이제는 흑인인 데다 가난하기까지 하다고 더 차

별을 받는다. → 차별이 심해져 더 큰 빈곤에 직면한다. →

더 가난해질수록 이들의 교육과 의료 수준은 더 낮아진다.

　　차별은 빈곤을 유발합니다. 문제는 이 차별이 단발적으
로 빈곤을 유발하는 데 그치는 것이 아니라는 점에 있습니
다. 차별과 빈곤은 원인과 결과로 반복적으로 작용하면서
누적적으로 쌓여 나갑니다. 가난하니까 차별을 받고, 차별

을 받아서 더 가난해지죠. 이 끝없는 악순환에 빠지면 빈곤
이 확대되는 일을 막을 수 없다는 것이 뮈르달의 주장이었
습니다.

호남 차별의 역사와
누적적 인과관계

한국에서 누적적 인과관계 이론이 극단적으로 드러난 사
례는 과거 수십 년 동안 이어진 호남 차별입니다. '40대 기수
론'을 앞세운 김대중 후보가 1971년 대선에서 박정희 당시
대통령을 압박하기 전(금권·관권을 동원한 부정선거가 아니었다면
김대중 후보의 승리였다는 평가가 다수입니다)까지, 한국 사회에서
호남에 대한 지역 차별은 그렇게 심하지 않았습니다.

그런데 호남 출신의 김대중이라는 라이벌을 만난 박정희
대통령은 이후 악랄하게 호남을 지역적으로 고립시켰습니
다. 정치적으로는 물론이고 경제적으로도 호남은 꾸준히 소
외되어 왔죠. 박정희 정부 이후 정부의 인사 정책은 영남 출

신으로 편중되었고, 경제 개발도 수도권과 영남 지역 위주로 이루어졌습니다. 그뿐이 아닙니다. 박정희, 전두환, 노태우, 김영삼에 이르기까지 영남 출신 대통령의 집권이 무려 36년이나 이어지면서, 호남 출신은 우리 사회의 거의 모든 부문에서 밀려나게 되었죠. 문제는 이 차별이 호남 시민들을 단지 한 차례만의 빈곤으로 몰아넣은 것에 그치지 않았다는 데 있었습니다.

호남의 빈곤은 교육과 복지의 낙후로 이어졌습니다. 경북고를 중심으로 한 TK(대구·경북) 지역의 수재들은 권력의 관문인 명문대 진학에서 두각을 나타냈죠. 당연히 사회 요직도 이들이 휩쓸게 됩니다. 호남 출신의 중앙 진출은 더 어려워졌고 지역의 빈곤은 더 심화됐습니다. 인재들에게 제공되는 교육과 복지는 더 낮아졌고, 호남 인사들의 요직 진출은 더 어려워졌죠. 이 과정이 반복되면서 호남의 빈곤은 누적적으로 쌓여 간 것입니다.

뮈르달은 "자본주의 시장경제는 자기 보정 장치가 없기 때문에 누적적 인과관계의 모순을 결코 고칠 수 없다"고 목

소리를 높였습니다. 뮈르달에 따르면 이를 해결할 방법은 오직 하나, 정부의 강력한 개입뿐입니다. 그는 차별과 빈곤에 허덕이는 지역(혹은 인종)에 대해 정부가 나서서 공공서비스를 확대하고 고용을 인위적으로 극대화시켜야 한다고 믿었습니다. 교육 여건의 개선과 복지 혜택의 확대도 당연히 선행돼야죠. 이래야 차별을 받는 이들이 빈곤의 확대재생산에서 탈출할 수 있다는 이야기입니다.

적극적으로 현실 정치에 참여했던 뮈르달은 상공부 장관을 맡으면서 이 이론을 현실에 접목했습니다. 빈곤의 확대재생산을 정부의 개입과 공공성 확대로 해결하려 한 것이죠. 뮈르달의 충고를 받아들인 노르웨이, 덴마크, 스웨덴 등 북유럽 국가들은 지금도 전체 일자리에서 공공 부문이 차지하는 비중이 30%에 이릅니다. 반면에 우리나라는 이 수치가 8.9%에 불과하죠(2016년 12월 기준). 한국의 수치는 북유럽은 고사하고 경제협력개발기구(OECD)의 평균(18.1%, 가장 최근인 2015년에 집계)에도 한참 못 미칩니다. 이래서야 정부가 빈곤의 확대재생산을 막을 힘을 가질 수 있을지 의문입니다.

수십 년에 이르는 호남 차별의 역사는 빈곤과 차별을 시장에 맡기면 결코 수정되지 않는다는 뮈르달의 이론을 입증했습니다. 차별과 빈곤의 악순환을 끊기 위해서는 정부가 공공 정책을 통해 모두에게 평등한 기회를 주는 것뿐이라는 뮈르달의 조언이 우리 사회에 많은 시사점을 던져 주는 이유가 여기에 있습니다.

군나르 뮈르달의 한마디

"부유한 나라와 빈곤한 나라의 경제 발전 격차는 결코 줄어들지 않는다. 오히려 점점 확대될 뿐이다."

이게 무슨 뜻?

부자인 나라는 발달된 인프라에 힘입어 경제가 활력을 잃지 않고 발전해 나가지만 가난한 나라는 '누적적 인과관계'에 의해 더 큰 빈곤에 빠진다는 뜻. 빈곤한 나라는 농업이나 어업 같은 1차산업에 의존할 수밖에 없고, 그 때문에 전 세계적으로 산업이 발달할수록 더욱 도태돼 시간이 지날수록 더 가난해진다.

사회주의로부터 세상을 구하자!

프리드리히 하이에크

Friedrich August von Hayek, 1899~1992년

오스트리아의 수도 빈에서 3남매 중 장남으로 태어났습니다. 어린 시절에는 식물학자인 아버지를 따라 알프스산맥을 여행하며 식물학에 관심을 가졌습니다. 그런데 식물학 외에 다른 공부에는 그다지 흥미를 느끼지 못해 고등학교 시절 성적 미달로 두 번이나 전학을 당했습니다. 젊은 시절 하이에크는 당시 유럽 젊은이들과 마찬가지로 사회주의에 큰 관심을 보였죠. 하지만 자유주의의 거장들이 모였던 빈대학에 진학하면서 곧 사회주의에 열렬히 반대하는 자유주의의 전사가 됐습니다. 1944년 사회주의를 극렬한 어조로 비판한 대표작 『노예의 길』을 출간하면서 자신의 위상을 드높였습니다. 하이에크는 1989년 베를린장벽이 무너지고 1991년 소련마저 해체되는 등 사회주의의 붕괴를 확인한 이듬해(1992년), 녹일 프라이부르크에서 조용히 세상을 떠났습니다.

와신상담에 돌입한
자유주의의 전사

1929년 대공황이 발생한 뒤 경제학계는 그야말로 케인스의 세상이었습니다. 인류 역사상 가장 참혹했던 경제 불황을 극복한 이가 바로 케인스였으니까요. 케인스는 시장의 능력을 믿지 않았고, 정부가 적극적으로 시장에 개입해 이를 보완해야 한다고 주장했습니다. 오죽했으면 "정부가 딱히 할 일이 생각나지 않으면 그냥 빈 병에다 돈을 잔뜩 넣어서 그걸 쓰레기 더미 속에 묻어라."라고 주장했을 정도죠.

케인스 시대에 전 세계의 복지는 크게 향상됐습니다. 빈곤층의 삶도 훨씬 나아졌죠. 각 나라 정부들이 앞다퉈 최저

임금제를 도입하고 다양한 복지 정책을 펼쳤으니까요. 오죽

했으면 미국 보수파를 대표하는 공화당 출신 대통령 리처드

닉슨(Richard M. Nixon)조차도 "이제 우리는 모두 케인스주의

자다."라고 말하며 케인스의 경제학을 옹호했을까요?

그런데 이때 와신상담(臥薪嘗膽)에 돌입한 경제학자가 있었습니다. 그는 경제에서 정부의 역할을 전혀 믿지 않았고, 심지어 정부가 무엇인가를 계획한다는 사실에 극도의 반감을 품은 사람이었습니다. 하지만 "정부가 시장을 통제한다"는 케인스의 경제학이 활짝 꽃핀 시대에 자신의 주장이 잘 먹혀들지 않을 것이라는 현실도 알고 있었죠.

그래서 이 경제학자는 1947년 스위스의 작은 산골 마을 몽펠르랭(Mont Pelerin)에 자기와 비슷한 생각을 가진 경제학자들을 소집합니다. 이 자리에는 빈대학에서 하이에크를 가르쳤던 스승 루드비히 폰 미제스(Ludwig von Mises)를 비롯해 평생을 케인스와 대립했던 경제학자 밀턴 프리드먼 등 쟁쟁한 자유주의자들이 모여들었습니다.

하이에크는 이들과 함께 '몽펠르랭 소사이어티'라는 모임을 결성합니다. 그리고 활짝 열린 케인스의 시대에, 이들은 케인스와 사회주의에 맞서 전쟁을 선포합니다. 하이에크는 몽펠르랭 소사이어티를 통해 자신의 사상이 언젠가 꽃필

것이라 굳게 믿었습니다. 그는 전 세계를 향해 "사회주의로부터 세상을 구하자!"라며 반(反)사회주의 전선으로 결집할 것을 호소했죠.

몽펠르랭 소사이어티는 서로를 밀어 주고 끌어 주며 영향력을 확대했습니다. 그리하여 이후 하이에크(1974년 노벨 경제학상 수상)를 비롯해 밀턴 프리드먼(1976년 수상), 조지 스티글러(1982년 수상), 제임스 뷰캐넌(1986년 수상), 모리스 알레(1988년 수상), 로널드 코즈(1991년 수상), 게리 베커(1992년 수상), 버논 스미스(2002년 수상) 등 무려 8명의 노벨 경제학상 수상자를 배출하는 영광을 차지합니다.

그리고 하이에크는 마침내 로널드 레이건(Ronald W. Reagan) 미국 대통령과 마거릿 대처 영국 총리를 앞세워 신자유주의 시대를 열게 됩니다. 정부의 계획경제에 반대해 시장경제를 결사적으로 옹호했던 자신의 이념이 현실화되는 모습을 지켜본 셈입니다.

도대체 정부가
뭘 계획할 수 있단 말인가?

하이에크는 평생을 사회주의 및 케인스주의자들과 싸웠지만, 사실 사회주의와 케인스주의는 달라도 완전히 다른 이론이었습니다. 사회주의는 시장경제 자체를 부정하는 반면, 케인스주의는 시장경제의 존재를 철저히 인정했습니다. 다만 그 시장경제가 불완전한 측면이 있으니 정부가 개입해 이를 보완하자는 게 케인스의 주장이었죠. 실제로 케인스는 "사회주의혁명이 일어난다면 나는 당연히 반대편에서 싸울 것이다."라고 단언했습니다.

하지만 하이에크가 보기에 사회주의나 케인스주의나 그야말로 도긴개긴이었습니다. 반(反)사회주의 정신으로 무장한 하이에크에게는 케인스주의도 거의 사회주의와 동급에 놓고 경계해야 하는 대상일 뿐이었죠. 사회주의건 케인스주의건 하이에크가 이들에 대해 극도로 반감을 가진 이유는 단 하나였습니다. 하이에크는 시장이 아닌 정부가 무언가를

계산해서 계획하는 것이 불가능하다고 믿었기 때문입니다.

예를 들어 사회주의국가의 경우, 정부가 그해에 생산할 비누 개수까지 미리 결정합니다. "국민이 1,000만 명이고, 한 달에 국민 1명당 비누 1장을 쓰니 올해 비누 생산 개수는 1,000만×12개월×1장=1,200만 장이다."라는 식이죠.

하지만 그해 여름이 유난히 더워서 비누 사용량이 늘어나면 어떻게 될까요? 정부가 1,200만 장의 비누를 생산하기로 한 나라에서는 일대 혼란이 벌어질 것입니다. 실제로 수많은 사회주의국가에서 비누나 치약 같은 생필품이 부족해 이를 배급받기 위해 국민들이 길게 줄을 서는 장면이 자주 연출됐습니다.

당시 자본주의국가에서는 "얼마나 기술이 형편없으면 비누 얻으려고 줄을 서냐?"라고 비웃었지만 사실 이는 기술의 문제가 아니었습니다. 사회주의 국가들도 비누 정도는 충분히 만들 수 있었습니다. 그들의 진짜 문제는 비누의 생산량을 정부가 정확히 예측하지 못했다는 점이었습니다.

케인스주의는 사회주의와 완전히 다른 이념이지만, 정부

가 무언가를 계획하고 시장에 개입한다는 측면에서 하이에크의 눈에는 다를 바가 없었습니다. 하이에크는 "시장이 없고, 가격이 형성될 수 없는 사회주의 체제 아래에서는 경제 계산이 아예 불가능하다. 계산이 불가능한데 정부가 무엇을 계획한다는 말인가?"라며 매섭게 사회주의를 비판했습니다. 그리고 계산이 불가능한 상태에서 정부가 무언가를 계획하면 결국 그 계획은 공무원 마음대로 끼워 맞추기 식으로 이뤄질 것이고 이는 막대한 비효율을 낳는다고 역설했죠. 하이에크는 이런 정부의 행동이 결국 "칠흑 같은 어둠 속에서 펄쩍 뛰는 것과 다름없는 짓이 될 것"이라고 내다봤습니다.

신자유주의로 꽂핀
하이에크의 사상

정부의 계산을 믿지 않았기에 하이에크는 철저히 시장을 신뢰했습니다. 수요와 공급에 의해 역동적으로 변하는 시장의 결과가 가장 정확한 시스템이라고 확신했죠. 정부는 1년

비누 사용량을 예상할 수 없습니다. 하지만 시장경제가 제대로 작동한다면, 여름에 폭염으로 비누 수요가 늘어날 경우 비누 가격이 오를 것입니다. 비누를 생산하는 기업은 당연히 그에 따라 생산량을 늘리겠죠.

만약 어떤 이유로 비누의 수요가 감소한다면 비누의 가

격은 하락할 것입니다. 당연히 기업은 비누를 덜 생산하겠죠. 이런 식으로 수요와 공급에 따라 가격이 정해지는 것이 불완전한 정부의 계산을 극복할 방안이라고 하이에크는 확신했습니다. 하이에크의 이런 신념은 "정부는 시장에 절대 손을 대서는 안 된다"는 생각으로까지 발전합니다. 하이에크는 "정부의 영향력을 제로로 만들어야 한다"는 극단적 주장까지 마다하지 않았습니다.

1970년대 석유파동 등으로 세계경제가 크게 휘청거리자, 40년 넘게 풍미했던 케인스의 경제학도 퇴조하기 시작했습니다. 하이에크의 사상은 이런 격동기를 틈타 케인스를 대체할 새로운 사상으로 추앙받기 시작했죠.

1979년 영국 총리로 선출된 마거릿 대처는 그야말로 철저한 하이에크 신봉자였습니다. 대처는 국회 연설에서 "하이에크야말로 우리가 나가야 할 길"이라고 선언했습니다. 두 사람은 10년 동안 편지를 주고받으며 세계경제와 영국의 통치에 대해 의견을 나눴다고 합니다. '철의 여인'이라고 불렸던 대처는 총리로 선출되자마자 제일 먼저 부자들의 세금부터 깎아 주기 시작했습니다. 하이에크에 의하면 정부는 시장에 대해 아무 일도 하지 않아야 합니다. 그렇다면 당연히 세금도 걷어서는 안 되죠. 시장에서 개인이 번 돈에 대해 정부가 무슨 명목으로 세금을 물린다는 말입니까?

대처의 집권 이후 복지 정책도 대폭 축소됐습니다. 복지란 정부가 나서서 가난한 사람을 돌보는 정책입니다. 하지만 하이에크에 따르면 정부는 역시 시장에서 벌어지는 일에 그 어떤 개입을 해서도 안 됩니다. 대처는 윌리엄 베버리지라는 걸출한 경제학자가 확립한 '요람에서 무덤까지'라는 복지국가 시스템을 박살 냈습니다. 대부분의 복지 정책이 쓰레기통에 처박혔습니다. 이후 미국에서도 레이건 대통령이 당선되면서 하이에크식 자유주의는 미국과 영국, 두 강대국에서 세상을 지배하기 시작했습니다.

하지만 하이에크의 기대와 달리 시장은 마냥 효율적으로 움직이지 않았죠. 정부가 복지 정책을 폐기하고 부자들의 세금을 깎아 주자 부자는 더 잘살게 되고 가난한 사람들은 더 가난해지는 양극화 현상이 심화됐습니다. 이 때문에

2010년대 들어 빈부 격차는 사상 최악으로 치달았죠. 하이에크가 개척한 신자유주의 정책에 대한 반대도 극심해져서 경제학계가 혼란의 소용돌이에 휘말리게 됩니다.

★ 프리드리히 하이에크의 한마디

"일을 엉망으로 만든 것은 19세기의 할아버지들이
아니라 20세기의 우리라는 점을 알아야 한다."

이게 무슨 뜻?

20세기 들어 사회주의 경제 이론 및 정부의 역할을 강조한 케
인스주의가 득세하자 이를 비판하며 하이에크가 남긴 말이
다. 19세기에 풍미했던 자유주의의 이상이 옳고, 20세기의
복지주의 이상은 근본적으로 틀렸다는 주장이다.

독점자본은
무슨 일을
벌이고 있나?

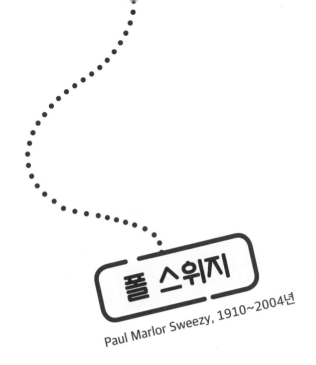

폴 스위지

Paul Marlor Sweezy, 1910~2004년

미국 뉴욕에서 은행가 아버지를 둔 부유한 집안의 자제로 태어났습니다. 미국 북동부 뉴잉글랜드의 기숙학교를 거쳐 하버드대학교에서 경제학 박사 학위를 받는 등 전형적인 미국 상류층의 삶을 살았죠. 하지만 그는 미국 대공황을 겪으면서 마르크스경제학에 눈을 떴고, 이후 영국 유학길에 올라 제3세계 및 노동자의 빈곤 문제를 집중적으로 분석하며 사회주의경제학자로 변신합니다. 그의 저서 『자본주의 발전의 이론』과 『독점자본』은 워낙 사회주의적인 내용이어서 1970~1980년대 한국에서 출판이 금지되기도 했습니다. 하지만 많은 불법 번역본이 퍼지면서 당시 한국의 젊은이들에게 널리 읽혔답니다.

사라진 소아과 의사 출신
대통령의 꿈

1970년 남미의 칠레에서 새 대통령이 당선됩니다. 그의 이름은 살바도르 아옌데(Salvador Allende)였습니다. 아옌데의 원래 직업은 소아과 의사였답니다. 그래서 그는 누구보다도 어린이들의 건강에 관심이 많았습니다.

안타깝게도 당시 칠레는 그다지 잘사는 나라가 아니었습니다. 먹을 것이 부족해 유아기의 아이들이 목숨을 잃는 일이 많았죠. 당시 칠레 어린아이들이 영양 결핍으로 목숨을 잃는 비율은 세계 최고 수준이었습니다. 아옌데는 이 난국을 돌파할 수단을 우유에서 찾았습니다. 소아과 의사 출신

답게 그는 단백질과 지방, 칼슘과 비타민이 고루 함유된 우유가 어린이들의 건강을 지켜 줄 것이라고 믿었죠.

문제는 칠레 국민들이 워낙 가난해 자녀에게 충분한 분유와 우유를 사 먹일 여유가 없다는 점이었습니다. 이에 아옌데는 국가가 나서서 이 문제를 해결해야 한다고 생각했습니다. 당시 대통령 선거에서 그가 공약으로 내세운 정책은 15세 이하의 모든 칠레 국민들에게 매일 하루 0.5리터의 분유 및 우유를 무료로 제공하겠다는 것이었지요.

그런데 아옌데의 공약은 수포로 돌아갑니다. 이 정책에 결사반대한 막강한 기업 네슬레(Nestlé) 때문이었습니다. 당시 중남미의 우유 시장을 독점했던 다국적 기업 네슬레는 단 한 잔의 우유도 칠레 정부에 팔 수 없다고 버텼습니다. 칠레 정부가 우유를 무상으로 나눠 주면, 그동안 자신들이 누려 왔던 독점기업으로서의 특권이 침해받을 것이기 때문입니다. 네슬레의 협조 거부로 결국 아옌데의 정책은 실패로 돌아갑니다. 그 뒤 아옌데는 1973년 군사 반란으로 정권을 빼앗깁니다. 그는 반란군에 맞서 총을 들고 저항하다가, 결국 자살로 생을 마감했습니다.

독점과 과점

이번에 살펴볼 경제학자는 폴 스위지입니다. 스위지는 독점자본에 대한 연구로 유명한 사회주의경제학자입니다. 그렇다면 스위지를 이해하기 위해 우선 독점자본이 무엇인

지부터 알아야겠군요. 독점이란 물건을 공급하는 기업이 하나밖에 없는 시장을 일컫는 말로, 이때의 해당 기업을 독점기업이라고 합니다. 독점기업을 구성하는 자본을 독점자본이라고 하고요. 1980년대까지만 해도 우리나라에는 전화를 연결해 주는 통신 서비스 회사가 한국통신 하나였는데, 이런 회사를 독점기업이라고 할 수 있겠지요.

독점 상태의 시장은 모든 중요한 요소들이 독점기업의 뜻대로 굴러갑니다. 수요와 공급에 의해 가격이 결정된다는 경제학의 기초적인 이론조차 성립되지 않지요. 왜냐고요? 물건을 만드는 기업이 하나밖에 없으니까요. 그 기업이 부르는 값이 가격이 되는 것이죠. 만약 독점기업이 생산하는 물품이 생필품이라면 국민들이 겪는 고통은 더 커집니다. 우리나라에 휘발유를 공급하는 회사가 딱 한 곳이라고 생각해 보세요. 만약 그들이 휘발유 가격을 리터당 100만 원으로 올려도 국민들은 이를 막을 수 없습니다. 다른 곳에서는 휘발유를 구할 수 없으니 울며 겨자 먹기로 이 회사의 휘발유를 이용해야겠죠.

비슷한 개념으로 과점이란 것도 있습니다. 하나는 아니지만, 둘이나 셋 정도의 소수 기업이 시장을 장악한 경우입니다. 이런 경우도 독점 때 벌어졌던 일과 비슷한 상황이 생깁니다. 두셋 정도 되는 기업이 서로 짜고 물건 가격을 결정해 버리면 독점 상태와 별 다를 게 없어지죠. 그래서 독점과 과점을 합해 독과점이라 부르기도 합니다.

그런데 스위지는 연구를 통해 독점자본의 횡포가 이보다 더 커질 수 있다고 주장합니다. 독점자본이 단지 상품 가격만 쥐락펴락하는 데 그치지 않고 가난한 이웃 나라를 괴롭혀 전쟁까지도 벌인다는 것이 그의 견해입니다.

왜 그럴까요? 스위지에 따르면 독점자본이 국가를 장악하면 해당 기업은 돈을 벌어도, 국민은 가난해집니다. 기업이 이윤을 늘리기 위해 상품 가격을 제멋대로 책정하는가 하면, 노동자에게도 제대로 된 임금을 지불하지 않기 때문입니다. 문제는 이런 현상이 지속되면 독점자본도 위험해진다는 데에 있습니다. 이들이 돈을 벌려면 상품을 만들어 팔아야 하는데, 정작 상품을 소비할 국민들의 호주머니는 텅

비어 버리기 때문이죠.

　그래서 독점자본이 시장을 장악한 국가는 만성적인 과잉 생산, 과소소비에 시달립니다. 물건은 넘치고, 그 물건을 사줄 사람은 없는 상태가 지속된다는 뜻입니다. 그리고 이 위기를 탈출하기 위해 독점자본은 생산성과 전혀 상관없는 극단적인 길을 택합니다. 그것은 다름 아닌 '전쟁'입니다.

전쟁이 기업과 무슨 상관이냐고요? 국민들의 호주머니가 비어 있건 차 있건 상관없이 전쟁이 벌어지면 무기를 파는 기업들은 무조건 돈을 벌게 돼 있습니다. 지금 당장 우리나라가 전쟁을 벌인다고 생각해 보세요. 한 끼 덜 먹고 입고 싶은 옷 덜 입어도, 국민들은 우리나라가 좋은 무기 잔뜩 사들여 전쟁에서 이기기를 바라지 않겠어요? 이런 이유 때문에 스위지는 독점자본이 결국 군수산업에 진출하게 되고 이웃 나라와의 전쟁을 부추기게 될 것이라고 예견합니다. 강대국의 독점자본이 침략 전쟁을 벌이는 이유가 여기에 있다는 것이 그의 설명이지요.

독점의 횡포와 견제

스위지의 주장은 현실에서 나타나기 시작합니다. 그 대표적인 예가 1965~1973년 일어난 베트남전쟁입니다. 당시 미국에서 군수산업에 진출한 강력한 독과점 기업들은 무기를 더 많이 팔기 위해 정부에 전쟁을 하라고 압박을 가합니다. 실제 미국은 통킹만 사건*을 계기로 베트남을 침략하는데, 이 사건은 사실 미국 군수업체들이 개입해 벌인 조작극이었습니다.

앞에서 살펴봤던 칠레 아옌데 대통령의 개혁 실패도 이와 비슷한 경우입니다. 강력한 독점기업이었던 네슬레는 미국과 유럽 강대국 정부에 로비를 벌여 아옌데 정권을 압박했습니다. 그러자 미국은 아옌데의 개혁을 막기 위해 갖은 경제제재를 동원해 칠레 경제를 피폐하게 만들었지요. 당시 칠레의 가장 큰 돈벌이는 광산에서 채굴한 구리를 수출하는 것이었어요. 미국은 이를 겨냥해 세계시장에 구리를 대량으로 풀어 구리 가격을 폭락시켰고, 이 때문에 칠레는 경제적으로 큰 곤란을 겪었습니다. 아옌데의 목숨을 앗아 간 군사 쿠데타를 은밀하고 강력하게 후원한 곳도 미국 정부였습니다.

스위지는 이런 강대국 독점기업들의 횡포에 의해 약소국

---

*   1964년 베트남 동쪽 통킹만에서 일어난 북베트남 경비정과 미군 구축함의 무력 충돌 사건. 당시 미국은 이 사건을 베트남 침공의 명분으로 삼았다. 하지만 1971년 《뉴욕타임스》의 폭로로, 군수업체와 미국 정부가 결탁해 이를 조작했다는 사실이 밝혀졌다.

의 경제가 피폐해질 것이고, 이에 따라 약소국에서부터 노동자들이 주도하는 사회주의혁명이 시작될 것이라고 예견했습니다.

하지만 시간이 지나면서 스위지의 주장과는 다른 현상이 속속 나타났습니다. 독점자본들의 횡포는 분명히 거세졌지만, 각국 정부들이 이를 견제할 제도적 장치들을 마련한 것입니다. 또 여러 국가들이 유연하게 복지 정책을 도입하면서, 스위지가 예견한 약소국에서의 사회주의혁명도 거의 일어나지 않았습니다.

하지만 그렇다고 해서 스위지가 남긴 학문적 업적마저 훼손된 것은 아닙니다. 세계 곳곳에서 독점자본을 견제하고 이들의 횡포를 제어하려는 움직임이 있다는 것 자체가, 독점자본의 폐해를 주장한 스위지의 견해를 경청했다는 뜻이니까요. 5개의 거대 곡물 회사*가 세계 식량 시장을 장악한 탓에 인류의 10%가 넘는 8억 1,500만 명(유엔『2017 세계 식량 안보 및 영양 상태』보고서 참조)이 영양실조에 시달리는 것이 우리의 현실입니다. 한국의 재벌 기업들이 떡볶이 시장에까지 진출하면서 중소 분식집 사장님들의 설 자리가 사라지는 것도 비슷한 예죠. 우리가 여전히 스위지의 주장에 귀를 기울여야 할 이유가 여기에 있습니다.

---

* 통상적으로 세계 5대 곡물 메이저라고 하면 카길(Cargill), 아처 대니얼스 미들랜드(ADM, Archer Daniels Midland), 루이 드레퓌스(LDC, Louis Dreyfus Company), 번지(Bunge), 콘 아그라(ConAgra)가 꼽힌다. 이들은 세계 곡물 시장에서 80% 이상의 점유율을 차지하고 있다.

☆ 폴 스위지의 한마디

"제3세계 민중과 미국의 양심적인 세력은 힘을 모아 독점자본에 맞서 싸워야 한다. 그렇지 않으면 전 세계 적인 파국을 피할 수 없을 것이다."

이게 무슨 뜻?

독점자본은 시장 확대를 위해 자국의 정부를 부추겨 약소국을 침략하려 한다. 이를 막지 않는다면 전쟁은 들불처럼 번질 것이고, 결국 핵전쟁 같은 참사로 이어져 인류의 존속이 위협받게 될 것이다.

정치인과 관료도
이기적인
존재일 뿐!

제임스 뷰캐넌

James McGill Buchanan, 1919~2013년

1919년 미국 테네시주 러더퍼드카운티에 있는 머프리즈버러 (Murfreesboro)라는 작은 마을에서 태어났습니다. 가난한 집안에서 태어난 탓에 뷰캐넌은 속칭 아이비리그(미국 북동부에 있는 8개의 명문 사립대학, 하버드대와 프린스턴대 등이 포함돼 있음)에 진학하지 못했습니다. 테네시주립대학에 진학한 뷰캐넌은 우유 짜는 아르바이트를 하며 겨우 대학을 졸업했죠. 이때부터 뷰캐넌은 아이비리그 출신 경제학자들이 거들먹거리는 꼴을 매우 싫어했습니다. 그는 정치인과 관료들의 행동을 분석한 이론으로 1986년 노벨 경제학상을 수상하며 명문대 출신 경제학자들의 코를 납작하게 만들었죠. 2013년 94세의 나이로 평온하게 삶을 마쳤습니다.

왜 치과에서는
바가지를 씌울까?

경제학 이론 중에 '주인-대리인 이론'이라는 것이 있습니다. 주인은 돈을 내고 뭔가를 남에게 시키는 사람입니다. 대리인은 주인이 내는 돈을 받고 원하는 일을 대신 해 주는 사람이죠.

주인이 대리인을 고용하는 이유는, 대리인이 그 분야의 전문가이기 때문입니다. 그리고 주인은 당연히 전문가인 대리인이 충실히 자기 일을 대신 해 주기를 원합니다.

그런데 문제가 있습니다. 대리인은 말로는 "어이쿠, 주인님. 제가 이 돈을 받고 정말 주인님을 위해 충성을 다 하겠습

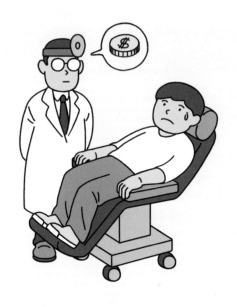

니다."라고 아양을 떨죠. 하지만 정작 주인은 대리인이 정말 자신을 위해 열심히 일을 하는지 알 수가 없습니다. 왜냐고요? 주인은 전문가가 아니니까요.

그 일에 대한 전문가는 대리인입니다. 그래서 주인은 전문가인 대리인의 설명을 곧이곧대로 믿어야 합니다. 돈을 왕창 쓰는 쪽은 주인인데, 주인이 일 돌아가는 상황을 하나도 이해하지 못한다는 게 문제의 핵심이죠. 그래서 대리인은 자신을 고용한 주인을 자꾸 속이려고 합니다. 더 많은 돈을 뜯어내기 위해서요.

주인-대리인 상황이 극명하게 드러날 때는 환자가 치과에 갔을 때입니다. 일부 사악한 치과 의사들은 환자가 찾아오면 "이것도 고치셔야 하고, 저것도 고치셔야 돼요. 요건 빼셔야 되고요. 이대로 그냥 놔두면 정말 큰일 납니다. 빨리 다 치료하세요."라고 겁을 줍니다.

이 관계에서 주인은 당연히 돈을 내는 환자입니다. 의사는 전문 지식을 이용해 이를 치료해 주는 대리인이죠. 하지만 환자는 치과 치료에 대한 전문 지식이 없습니다. 이를 악용해 대리인인 의사가 주인을 속이고 바가지를 왕창 씌우는 겁니다.

이처럼 대리인이 지식을 독점하고 주인이 무지할 때, 주인-대리인 상황이 종종 벌어집니다. 정치를 예로 들어 보죠. 국민과 정치인의 관계가 주인-대리인 관계에 가깝습니다. 주인은 표를 주고 정치인을 뽑는 국민입니다. 반면에 정치인은 국민(주인)을 위해 일해야 할 의무가 있는 대리인이죠.

하지만 많은 정치인들이 주인을 위해 일하지 않습니다. 당선이 되어 높은 자리에 올라가면 정치인은 주인(국민)이 알지 못하는 중요한 정보를 얻을 수 있습니다. 그리고 이 정보를 이용해 국민을 속이죠. 어차피 국민은 그 정보를 알지 못할 테니까요. 그리고 정치인은 유유히 자기 잇속을 챙깁니다.

정치인을 왜
믿을 수 없을까?

이번 장의 주인공은 '정치인이 왜 믿을 수 없는 존재인가'를 밝히는 데 평생을 바친 경제학자 제임스 뷰캐넌입니다. 현대 주류 경제학의 중요한 전제는 인간이 매우 이기적인 존재라는 것입니다. 주류 경제학에 따르면 인간은 너무나 계산적이고 이기적이어서, 모든 상황을 번개처럼 계산한 뒤 자기에게 가장 유리한 방향으로 선택을 하죠. 경제학에서는 이를 호모에코노미쿠스(homo economicus, 경제적 인간)라고 부릅니다.

그런데 선거 때 보십시오. 정치인들이 한목소리로 외치는 이야기가 "제가 국민을 위해 봉사할 기회를 주십시오!"입니다. 정치인들은 얼마나 천사이기에 저토록 절박하게 국민을 위해 봉사를 하고 싶은 걸까요?

뷰캐넌은 이런 정치인들의 이야기가 모두 거짓말이라고 주장합니다. 뷰캐넌에 따르면 정치인들은 봉사를 하고 싶어 안달이 난 '선천적 천사'들이 아니라, 다른 사람들과 마찬가지로 자기의 이익만 좇는 호모에코노미쿠스입니다. 이는 국민을 위해서 봉사한다는 관료들이나 공무원들도 마찬가지입니다. 그래서 뷰캐넌은 정치인이나 관료들을 '정치적 기업가(political entrepreneur)'라고 부릅니다. 이기심이라는 측면에서 이들은 돈만 좇는 기업가들과 다를 바가 없다는 이야기입니다.

미국은 우리나라와 달리 총기 휴대가 허용되는 나라입니다. 총기 구입이 운전면허 따는 것보다 쉽다고 하죠. 미국은 전체 가구의 절반가량이 총을 보유하고, 개인이 갖고 있는 총기도 무려 3억 정이 넘는다고 합니다.

또 미국은 총기 사고가 세계에서 가장 빈번하게 일어나는 나라이기도 합니다. 총기 때문에 숨진 사람 숫자는 셀 수도 없을 정도죠. 그렇다면 총기 휴대를 금지하면 문제가 해결되지 않을까요?

하지만 미국 정치인들은 이를 단호히 거부합니다. 그 배경에는 미국의 전미총기협회(NRA, National Rifle Association)라는 단체가 있습니다. NRA는 정부나 의회가 총기 사용을 규제하려고 하면 필사적으로 로비를 합니다. 정치인들 가운데 상당수가 NRA로부터 거액의 후원금을 받죠. 사정이 이렇다 보니 정치인들도 슬그머니 총기 규제 이야기를 멈춥니다. 실제로 NRA는 미국 정치계에 가장 많은 정치 헌금을 퍼붓는 단체입니다.

또 미국은 설탕 가격이 국제 시세보다 2~3배나 비싼 나라입니다. 이것도 설탕 생산업자들이 정치인들에게 로비를 벌여 일어난 일입니다. 우유 가격도 일정 수준 이하로 절대 떨어질 수 없도록 정부가 규제를 하고 있어요. 이 역시 전미

우유생산자연맹(NMPF, National Milk Producers Federation)이라는
단체가 정치인들을 구워삶은 결과죠.

이처럼 수많은 단체들이 돈을 들여 정치인들에게 로비를
합니다. 그리고 정치인들은 이들이 주는 돈을 덥석 받습니
다. 어차피 정치인들도 자기의 이익에만 충실한 호모에코노
미쿠스인데, 국민의 이익 따위에 왜 관심을 두겠습니까?

시민의 참여만이
이기적인 정치인을 응징한다

공무원들도 마찬가지입니다. 뇌물을 받지 않는다 해도
이들은 여전히 자신의 이익을 가장 중시하는 호모에코노미
쿠스죠. 그렇다면 공무원은 자신의 이익을 어떻게 극대화할
수 있을까요? 더 빨리 승진하고, 더 많은 월급과 연금을 받
는 것이 그 방법입니다.

그러기 위해서 공무원은 자신이 하는 일이 중요하게 보
이게끔 포장해야 합니다. 대부분 공무원들은 자기가 일하는

부서에 최대한 많은 예산이 배정되기를 원합니다. 자신들의 담당 업무가 마치 국가를 위해서 꼭 필요한 일인 것처럼 과장을 하죠.

이러다 보니 정부가 비효율적으로 돌아갑니다. 미국 정부가 오랫동안 만성 적자에 시달린 것도 이런 이유 때문이라는 게 뷰캐넌의 설명입니다. 예산을 짜 보면, 거의 모든 부서가 작년보다 훨씬 많은 예산을 요구한다는 겁니다. 그렇다면 이것이 과연 국가와 국민을 위한 행동일까요? "그럴 리 없어!"가 바로 뷰캐넌의 답입니다.

뷰캐넌의 이론은 중요한 정보를 독점한 대리인(정치인)들이 정보가 부족한 주인(국민)들을 속이기 십상이라는 주인-대리인 이론과도 맥이 닿습니다. 두 이론 모두 정치인은 못 믿을 존재라는 사실을 경제학적으로 설파합니다.

그렇다면 이 문제를 어떻게 해결하면 좋을까요? 정치인의 본질을 꿰뚫은 뷰캐넌의 날카로움은 이 대목에서 무뎌지기 시작합니다. 뷰캐넌이 내놓은 해답은 고작 '정치인과 관료를 믿지 말자'로 마무리되니까요. 뷰캐넌은 자신의 이론을

바탕으로 정부의 역할을 최대한 축소해야 하며 정부가 쓰는 예산도 계속 줄여야 한다고 주장했습니다.

하지만 문제를 해결하는 방법이 과연 정부의 역할을 축소하는 것뿐일까요? 정치는 과연 아무짝에도 쓸모없는 속임수의 향연이기만 할까요? 그렇지 않을 겁니다. 좋은 정치가 세상을 바꾼 사례도 얼마든지 있기 때문입니다.

뷰캐넌의 이론은 정치인들이 국민을 마음껏 속여도, 국민이 멍청하게 당하기만 하는 존재라는 점을 전제로 합니다. 주인-대리인 이론도 주인(국민)은 대리인(정치인)에 비해 훨씬 무식하기 때문에 대리인이 속이면 속을 수밖에 없는 존재라는 점을 전제하죠.

그렇다면 이 문제를 해결하기 위해 국민이 똑똑해지면 되지 않을까요? 정치인이 국민을 속이려 해도, 국민이 그것을 간파하면 더 나은 정치를 만들 수 있다는 이야기입니다. 특히 정치의 경우 국민을 속인 정치인들을 다음 선거에서 떨어뜨리면 정치인의 속임수에서 더 빨리 벗어날 수 있습니다. 왜냐하면 정치인들은 어차피 자신의 이익을 좇는 존재이고 그들에게 가장 큰 이익은 선거에서 당선되는 것이니까요. 국민을 속인 정치인을 국민이 낙선시키면, 이기적인 정치인은 다음 선거에서 당선되기 위해서라도 국민을 속이는 일을 멈출 것입니다.

2017년 봄, 대한민국은 4개월 동안의 촛불 집회를 통해 부패한 대통령을 자리에서 끌어내렸습니다. 세계사에 기록될 만큼 대단한 시민들의 정치 참여였죠. 만약 이런 참여가 없었다면 여전히 많은 이들은 부패한 정치인으로 남아 자기 호주머니 챙기는 일에 급급했을 겁니다.

하지만 우리나라 시민들은 기꺼이 자기 시간과 노력을 들여 부패한 지도자를 끌어내렸습니다. 아마 국민을 속여 왔던 정치인들도 정신이 번쩍 들었을 겁니다.

이처럼 참여를 통해 정치를 바로잡아 나가는 방법이 얼마든지 있습니다. 국민들이 눈을 크게 뜨고, 참여하는 일에 주저하지 않는다면 말입니다.

제임스 뷰캐넌의 한마디

"나는 세상이 어떻게 돌아가는지를 알아내기 위해 투쟁하는 위대한 하층민이다."

이게 무슨 뜻?

명문 대학 출신 경제학자들이 정치인이나 관료들과 유착해 국가적 손실을 초래하는 것을 비판하는 의미가 담겨 있다.

절망의 시대에 쓰는 인간 중심의 경제학

;

아마르티아 센

Amartya Kumar Sen, 1933년~

인도의 서북쪽 벵골 지역에서 태어난 그는 영국 케임브리지대학에서 경제학 공부를 했습니다. 유학 시절 그가 묵었던 하숙집 주인은 "너는 밖이 안 보이지만, 밖에서는 네가 보인다."라며 밤에 커튼을 열지 말 것을 지시합니다. 그가 유색인이라는 이유 때문이었죠. 이런 혹독한 인종차별을 겪으면서 센은 불평등과 빈곤 문제에 초점을 맞춘 경제학의 틀을 확립합니다. 특히 그는 복잡한 수치와 그래프를 동원한 경제학을 배척하고, 누구나 이해할 수 있는 언어로 '경제학에서 가장 중요한 것은 인간'이라는 새로운 개념을 정립합니다. 센은 이러한 공로들을 인정받아 1998년에 노벨 경제학상을 수상했답니다.

벵골 대기근 속에서 싹튼
경제학자의 꿈

1943년 인도의 벵골 지역에 극심한 기근이 들이닥쳤습니다. 태풍의 영향도 있었지만, 이 대기근의 원인은 사실 당시 인도를 지배했던 영국의 엉터리 농업정책 탓이 컸지요. 이른바 '벵골 대기근'으로 불리는 이 참사에서 얼마나 많은 인도인들이 목숨을 잃었는지는 정확한 통계조차 나와 있지 않습니다. 어떤 이들은 아사자(餓死者)가 300만 명이라고 하고, 어떤 이들은 700만 명이라고 합니다. 한 가지 확실한 것은 이 대기근으로 최소한 우리나라 부산의 인구수(2017년 현재 약 354만 명)에 가깝거나 이를 넘는 많은 사람들이 배고픔

으로 목숨을 잃었다는 사실입니다.

이 참혹한 사태에 인도를 다스리던 영국 총독은 영국 정부에 지원을 요청합니다. 그런데 당시 제2차 세계대전을 겪고 있던 윈스턴 처칠 총리는 이 요청을 '식량을 실어 나를 배가 없다'는 이유로 묵살하면서 이렇게 비웃었습니다. "아니, 인도가 굶고 있어? 그러면 굶고 있다는 간디는 아직도 안 죽었나?"

당시 벵골 지역에는 총명하고 따뜻한 마음을 가진 한 소년이 있었습니다. 그 소년은 굶어 죽는 수많은 사람들을 직접 목격하며 "왜 가난한 사람은 평생을 가난하게 살다 죽어야 하는가?"라는 질문을 스스로에게 던집니다. 그리고 그는 1998년 아시아인 최초로 노벨 경제학상을 받는 위대한 경제학자의 반열에 오릅니다. 그가 바로 후생경제학*의 대가이자 '경제학자의 양심', 경제학계의 '마더 테레사'로 불리는 아마르티아 센입니다.

민주주의의 확립,
빈곤 해결의 첫걸음

아마르티아 센은 대표적인 후생경제학자로 불리는 사람입니다. 그의 업적이 무척이나 커서 경제학계에서는 '센코노믹스(SEN-conomics)', 즉 '센의 경제학'이라는 분야가 따로 정

---

* 경제활동의 궁극적 목표가 '행복 추구'라는 전제 아래, 사회 구성원의 효용 및 복지 증진을 목표로 하는 경제학 분야.

립됐을 정도입니다. 후생(厚生)이란 '사람들의 생활을 넉넉하고 윤택하게 하는 일'이라는 뜻입니다. '복지'라는 단어와 비슷하지요. 따라서 후생경제학이란 '사회 전체의 복지를 극대화하기 위한 경제정책을 연구하는 학문'이라고 생각하면 되겠습니다.

센이 평생에 걸쳐서 연구한 주제는 '굶주림과 빈곤을 해결하기 위해서는 무엇을 해야 하는가?'입니다. 이 질문에 대한 그의 대답은 크게 두 가지로 요약됩니다. 첫 번째는 바로 민주주의의 확립입니다.

생각을 해 보죠. 민주주의가 아닌 독재국가에서는 독재자가 무소불위의 권력을 휘두릅니다. 이런 사회에서는 권력이 견제를 받지 않으니, 독재자는 국민들의 삶을 걱정하지 않게 마련입니다. 권력자는 '다음 선거에서 내가 떨어질 수도 있다'는 두려움이 있어야 굶주린 국민들을 돌보는 법이니까요. 벵골 대기근을 겪은 인도가 좋은 예입니다. 인도를 지배하던 영국은 인도에서 독재 권력이었기 때문에 인도 국민들의 삶을 돌볼 이유가 없었죠. 국민들이 굶어 죽건 말건,

자신들의 권력은 유지될 테니까요. 수백만 명이 굶어 죽는 그 처참한 현실을 보고도 처칠이 '식량을 실어 나를 배가 없다'는 황당한 이유로 곡물 지원을 거부한 이유가 여기에 있습니다.

반면에 여당과 야당이 적절히 힘을 나눠 가지고 경쟁하는 나라에서는 국민들이 굶어 죽는 극단적인 사태가 벌어질 가능성이 적습니다. 센은 "민주주의 국가는 단 한 번의 기근도 겪은 적이 없다."라는 말로 자신의 견해를 요약합니다.

차별, 경제 발전을 가로막는 최대의 적

센이 내린 두 번째 결론은 차별을 없애야 한다는 것이었습니다. 센은 현대 자본주의사회를 "인류 역사상 전례가 없을 정도로 풍요로운 사회"라고 규정합니다. 하지만 문제는 이 풍요의 혜택이 일부 소수에게만 돌아간다는 사실입니다.

경제적으로 발전한 사회란 과연 무엇일까요? 스마트폰

의 성능이 향상되고, 고급 자동차가 늘고, 맛있는 음식이 지
천에 널려 있는 사회? 가난한 사람들은 그 풍요로움을 '그
림의 떡'처럼 바라봐야 하고 몇몇의 부자들만 그 풍요를 누

린다 해도, 이를 과연 '경제적으로 발전한 사회'라고 부를 수 있을까요? 센은 단호하게 "아니다!"라고 답합니다. 그는 "경제적 발전이란 풍요로움이 증가하는 것이 아니라 인간이 누리는 실질적 자유가 확장되는 것"이라고 말합니다. 인간으로서 누려야 할 기본적인 자유와 권리를 누구나 누릴 수 있는 사회야말로 진정으로 경제 발전을 이뤄 낸 나라라는 뜻이죠.

이런 사회를 이루려면 인간에 대한 권리의 박탈과 억압, 그리고 차별이 없어져야 합니다. 모두가 풍요로움을 누릴 권리와 토대가 있어야 하죠. 특히 센이 인간의 기본권 확대를 위해 가장 신경을 쓴 두 가지는 바로 '의료'와 '교육' 분야의 불평등을 해소하는 것입니다. 가난하다는 이유로 병이 들었는데 치료를 못 받고, 제대로 배우지도 못한다면 이들은 자신의 꿈을 펼칠 기회조차 얻지 못합니다. 그래서 센은 국가가 나서서 의료 문제를 해결하고, 모든 이에게 높은 수준의 교육을 제공해야 한다고 주장합니다.

1인당 GDP가 아니라 빈곤 지수

이와 더불어 센은 빈곤을 해결하기 위해 현재의 경제문제가 무엇인지를 정확히 확인할 수 있는 새로운 통계 지표를 찾아야 한다고 말합니다. 센이 비판하는 대표적 통계가 '1인당 국내총생산(GDP)'입니다. 1인당 국내총생산은 국내에 거주하는 이들 각각이 1년 동안 평균적으로 생산한 가치의 총액을 말합니다. 이 통계 수치는 보통 한 나라 국민들이 1년에 평균 얼마를 버느냐를 가늠하는 지표가 되는데, 2018년 현재 우리나라의 1인당 GDP는 약 3만 2,774달러(3,623만 원)로 나옵니다. 이 말은 여러분 가족이 네 명이라면 여러분 집이 1년에 1억 4,492만 원(3,623만 원×4)을 번다는 뜻입니다. 가족이 6명이면 이들은 1년에 2억 원은 넘게 벌어야 '평균 성적'을 올린 셈이겠군요.

그런데 실제로 4인 가구 중에 1년에 1억 5,000만 원 가까이 버는 집이 얼마나 될까요? 1억 5,000만 원이면 아주 높은 소득입니다. 대부분의 직장인들은 이 정도 돈을 벌기가 어

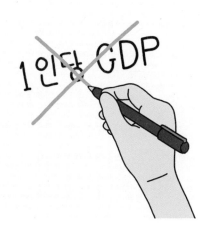

렵죠. 그런데도 한국의 1인당 GDP가 3,623만 원이나 되는 이유는 몇몇 사람들이 워낙 큰돈을 벌어서입니다.

이런 이유로 센은 1인당 GDP는 아무짝에도 쓸모없는 숫자라고 말합니다. 센에게 중요한 것은 평균이 아니라 평균에 한참 못 미치는 삶을 사는 이들의 인생이니까요. 그는 '모두가 인간의 기본권을 누리는 세상'을 위해서는 평균치가 아니라 가난한 사람들이 얼마나 빈곤하게 살고 있는지를 알아야 한다고 주장합니다.

그래서 센은 '빈곤 지수'라는 것을 개발해 실제 가난한 국민들이 얼마나 힘들게 사는지를 확인하고자 했습니다. 빈곤 지수는 최저 생계비에도 못 미치는 소득을 올리는 이들의 비중이 전체 국민에서 얼마 정도를 차지하는지를 계산한 수치입니다. 지수를 계산하는 방법이 다소 복잡해서 설명은 생략합니다. 하지만 그 뜻은 이해해 둘 만합니다.

1인당 GDP가 높건 낮건, 빈곤 지수가 높으면 그 사회에서는 최악의 가난을 겪고 있는 이들이 많다는 뜻입니다. 아무리 겉으로 잘사는 듯 보여도 이 수치가 높으면 뭔가 변화를 추구해야겠죠? 그래야 함께 사는 인간적인 사회를 만들 수 있으니까요.

센은 "악마는 항상 꼴찌부터 잡아먹는다."라는 말로 우리가 살고 있는 사회의 잔인함을 이야기합니다. 경제 위기가 닥쳤을 때 가장 먼저 극단의 고통에 처하는 이들은 가난한 사람들이라는 뜻입니다. 이들이 최소한 인간답게 살도록 해 주는 것, 어떤 경제 위기가 닥쳐도 적어도 그들이 굶어 죽는 일은 막는 것, 이것이 바로 아마르티아 센이 바라보는 '진정한 경제학의 임무'입니다.

아마르티아 센의 한마디

"많은 사람들이 굶주리는 이유는 식량이 부족해서가
아니라 식량을 제대로 나눠 주지 못하기 때문이다."

이게 무슨 뜻?
극단적인 가난이 생기는 이유는 경제적으로 덜 풍요로워서가
아니라, 그 부(富)가 소수에게 독점돼 많은 사람들에게 돌아
가지 못하기 때문이다. 따라서 인류의 과제는 현재 가진 것을
보다 많은 사람들에게 나누는 제도를 만드는 것이다.

마르크스 씨, 경제 좀 아세요?
: 위대한 경제학자 18인의 이야기

ⓒ 이완배, 2018

북트리거 포스트

북트리거 페이스북

1판 1쇄 발행일 2018년 9월 1일
1판 2쇄 발행일 2019년 5월 1일

지은이 이완배
펴낸이 권준구 | 펴낸곳 (주)지학사
본부장 황홍규 | 편집장 윤소현 | 팀장 김지영 | 편집 전해인
일러스트 이시누 | 디자인 정은경디자인
마케팅 송성만 손정빈 윤술옥 이승혜 | 제작 김현정 이진형 강석준
등록 2017년 2월 9일(제2017-000034호) | 주소 서울시 마포구 신촌로6길 5
전화 02.330.5295 | 팩스 02.3141.4488 | 이메일 booktrigger@naver.com
홈페이지 www.jihak.co.kr | 포스트 post.naver.com/booktrigger
페이스북 www.facebook.com/booktrigger

ISBN 979-11-960400-8-6 43300

이 도서의 국립중앙도서관 출판예정도서목록(CIP)은 서지정보유통지원시스템 홈페이지
(http://seoji.nl.go.kr)와 국가자료공동목록시스템(http://www.nl.go.kr/kolisnet)에서
이용하실 수 있습니다.(CIP제어번호: CIP2018026098)

북트리거

트리거(trigger)는 '방아쇠, 계기, 유인, 자극'을 뜻합니다.
북트리거는 나와 사물, 이웃과 세상을 바라보는 시선에 신선한 자극을 주는 책을 펴냅니다.